ベテラン庭師が教える

庭いじりの楽しみとコツ

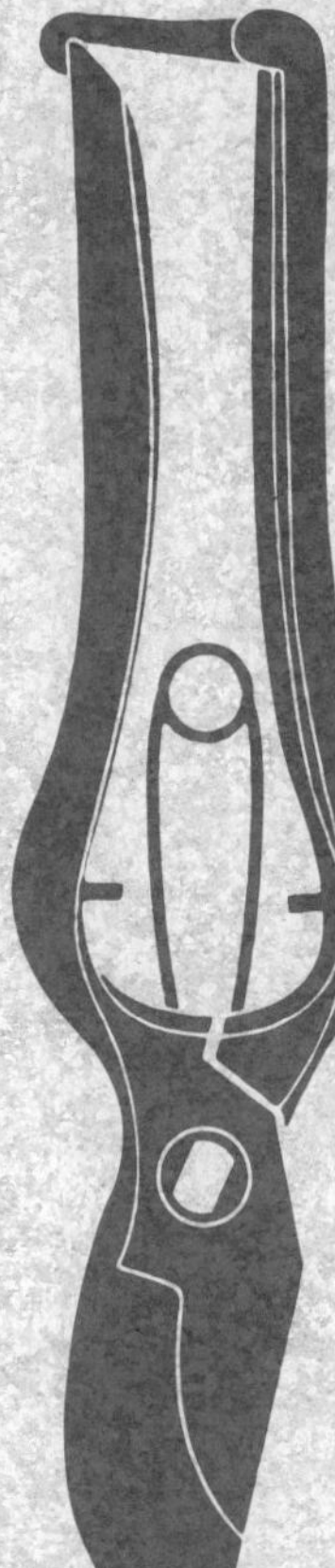

髙取忠彦／編著
社団法人日本造園組合連合会理事長

淡交社

はじめに

いま、中高年の間で、庭いじりや、日本庭園めぐりがひそかなブームになっているという。名庭といわれるところには、女性グループもさることながら、多くの中高年の夫婦が足を運ぶ姿が見受けられる。

このブームの背景には、便利さ、経済性を求めて戦後の日本を引っぱってきた企業戦士たちや、それを支えてきた婦人たちが、緑の中に居場所を求めようとする姿が垣間見られるような気がしてならない。

日本の庭は、自然を再現する精神世界の象徴とも考えられる。庭は古代の日本にあっては、神事を行ったあとに、神とともに供物《くもつ》をいただき、踊り謡《うた》い遊び、楽しむ場であった。それが、やがて、海、山、川の自然界を象徴する場として、神宿る神聖な樹木や石、池によって構成されるようになった。

また、自然への回帰の志向は、いまでも、定年後は田舎で暮らそう、というような、帰農と結びつくことが多いが、じつは江戸時代には、庭園内に農の風景としても再現された。

水戸徳川家の屋敷であった東京文京区の後楽園《こうらくえん》内には、江戸時代の飲み屋を模した九八屋《くはちや》の近くに水田がある。同じく六義園《りくぎえん》にも、大泉水《だいちすい》の近くに新墾田《おわりだ》と呼ばれた水田があり、園内の景観を形づくっていた。これは柳沢吉保が著した『六義園図』にも描かれている。自然に抱かれ、自然の中で農耕しながら暮らす、という志向が反映されているのであろう。

こうして、それぞれの美意識と形式を持った庭が、日本人の自然回帰の精神を反映しつつ発展していった。

今日の庭ブームが、緑の中に居場所を求めようとする世代によって支持されている、と先に述べた。私は、その深層には、日本人の心が、おそらくＤＮＡが求めているであろう、自然回帰への願望があるのではないか、と思う。

この現象は、じつは、たんなる一過性のブームではなく、欧米からの借りもののガーデニングから成熟し、日本独自なものとして、ふたたび庭という存在が、日本人の中に呼び覚まされはじめた証拠ではないか、とも思っている。草花の華やかさもよいが、樹木と石と水の庭もまた心に響くのである。日本人にとって、庭は、奥深くもあり、懐かしくもあるのである。

本書は、もう一度基本に戻って、和の庭を見直し、和の庭づくりや庭いじりの楽しさを知っていただきたいと思ってまとめたものだ。

「雑木七に常緑樹三、雑木にはじまって雑木に終わる」といわれる樹木のよさを見直し、少々荒れてきた庭をリガーデンして、もう一度、子どもをいつくしみ育てるように樹木を植えて育て、日々の世話をして、自然と触れ合っていただきたいと思っている。

そして、そのわが庭の世話が、自分のためだけではなく、次代を担う子どもたちのために、地球のために、地域の緑を大切にし、ふたたび里山《さとやま》を復活させるように思考の範囲を広げて行動していただけたら、庭師としてはこんなにうれしいことはない。

昨今の、住宅街にクマが現れ、シカやイノシシが道路を横断し、タヌキやサルが人家に潜むのは、山に柴刈りに行く人がいなくなり、里山が失われ、荒れ放題になって棲み分けができにくくなったためだが、若いころから時代の変化を受けとめ、世の中を変えたいという意識が強い中高年世代なら、そして組織でリーダーとして仕事をこなしてきた世代なら、ふたたび里山を復活させ、野生動物との棲み分けを行い、自然を取り戻すための行動もできるのではないだろうか。この本が、そのきっかけになれたらうれしい。

本書をまとめるにあたっては多くの日本造園組合連合会の皆様のお力を借りた。感謝の気持ちでいっぱいである。

二〇〇八年　春

社団法人日本造園組合連合会理事長　　高取忠彦

もくじ

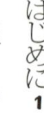

庭の景観にも吉凶がある

石は、あるがままに据える

方位に注意した池・川づくり

緑を植えれば、凶相の土地も救われる

松竹梅で運を開く

現代に生きるいい伝え

スペースを利用して庭をつくろう

工夫しだいで楽しい庭になる

庭師に相談にのってもらおう

5章 庭木を植えてみよう

緑をいつまでも若く美しく保つための剪定

剪定の時期

剪定の仕方

刈り込み

特殊な剪定

その他の剪定整枝

花つきをよくするために

庭の管理

樹木の病虫害の予防と対策

装丁／辻中浩一（ウフ）
デザイン／辻中浩一・内藤万起子（ウフ）
カバーイラスト／フジイイクコ
本文イラスト／遠野　桜
図版（72・77・95頁）／朝日庵
取材・文／戸田真澄
堀内正樹

1章

庭を楽しむ人生

緑を楽しむ生活

天気のよい朝、窓を開け放って、朝の冷気を部屋に招き、庭を眺めると、緑が息づいているのがわかる。さわさわとエネルギーを放出しているようでもある。黄色がかった緑から深い緑、茶のかかった緑まで、たくさんの緑が、われわれの深呼吸を助けてくれる。

明るい気持ちはますます軽快に、少々、いやなことがあったり、心配ごとが重なったりして陰鬱《いんうつ》な気持ちでいても、緑の中に身を置くと、そっと心を癒《いや》してくれる。やはり緑は気持ちがいい。そのひと言に尽きる。

その足で庭に下りて、木々を観察してみよう。

春なら枝葉の間から徒長枝《とちょうし》（樹枝を乱す長く伸びた無駄枝）を伸ばしていたり、余分な葉をつけていたり、咲き誇る花の中にしおれた花がらを見つけたりするだろう。

秋なら散る寸前の枯れ葉がからまっていたり、葉の下に小さな実がなっていたりするのを発見することもある。

それらを手でそっとつまみながら、木々をなでてやる。ほこりを払ってやる。それが木へのごほうびであり、木の初歩的な手入れでもある。

それにしても、年々、庭は小さくなる。

大きな庭も、二世帯で分割されて狭くなる。分割されないまでも、持ち主が定年を迎えるころから、庭には雑草が生い茂り、木々は徒長枝を伸ばし、少々荒れてくる。体力と経済力とが尻すぼみになってくるからだ。

しかし、その一方で、庭や草木に対する愛着が増して、持て余すほどの時間を使って自分で庭の手入れをしようという六〇代、七〇代がふえてくる。木の生長は子育てと同じ、もう一度、子育てを繰り返すことによって、生命力を確かめるのだ。二度目の子育ては、肩の力が抜けるので、きっとうまくいく。

わが町の公園は庭の延長

庭から一歩外に出て、わが町を歩いてみよう。いままで、家庭と会社を往復していただけの男性は、わが町をどの程度知っているのだろうか。向こう三軒両隣とは、会《え》釈《しゃく》ぐらいはするだろう。しかし、それ以外にどのようなお宅があり、どのような人が住み、どんな公園や緑があるかは見当もつかない。

自分が住んでいる環境をほとんど知らないことに気がついて、唖然とするのではないだろうか。これといった仲間もいない、趣味もない、家族以外はまったく知らないなかで、第二の人生をどうやって築いていこう、ふっと不安になるのではないか。

最初にやることは、わが町の探訪である。毎日、一〜二時間、わが町を歩いてみよう。

われわれが小さいころは、そこここに原っぱがあり、ツクシを摘んだり、レンゲで首飾りを編んだり、オオバコとオオバコの茎を引っかけて、強さくらべをしたりしたものだ。まだ都会でも田畑は残っていて、草に覆われた川は流れ、そこではザリガニを採ることもできた。

しかし、そういう原っぱはほとんどない。かわりに小さな公園がある。子どもが小さいころ出かけた近所の児童公園。鉄棒やのぼり棒などさびついた遊具が置き去りにされて、もう子どもの姿は見当たらない。それもそのはず、いまは児童公園とはいわない。街区《がいく》公園という。

ときどき、ベンチにお年寄りが腰をおろしている。いっしょに腰かけて、生長した木々を眺めてみよう。どんな種類の木があるのだろう。その木の名前がわかるだろうか。

それにしても、木偏がついた、木の名前をいくつ、いえるだろう。それを漢字で書けるだろうか。はなはだ怪しいことに気がついてくる。栂《つが》、椚《くぬぎ》、枳《からたち》くらいまでは、どうやら実際の木や葉をイメージできるだろうが、そんな木があったのかな？　というようなものも多い。

そういうなかから、自分の気に入った木を選んで、それを毎日観察するのもおもしろい。天気がよい日の自分の木、雨の日の自分の木、嵐の日の自分の木。自分の木があると思えば、公園に行く楽しみがふえてくる。自分の木を探しながら、町中の公園を歩いて調べてみてもいい。一年間、自分の木を観察し続ければ、木の様子が手に取るようにわかり、木に触れる楽しさも増してくる。

もし、孫がいたら、いっしょに出かけて

いって、木の名前の当てっこをしたり、木の実を探したり、落ち葉を拾ったり、落ち葉でレイをつくったり、ドングリの実で、やじろべいをつくったりして、孫たちに木に触れ、木と戯れる楽しさを教えてみよう。それはわが家の庭づくりにも反映する。

公園おこしに参加してみよう

公園歩きをしてみると、気がつくことがある。ここにも予算削減の影響が現れている。行政に庭や木を管理する財力がないのである。少し前まではきれいに整備され、管理されていた公園も、ほとんど手入れの形跡が見られない。木は伸び放題でしまりがなく、コンクリートの隙間からは草が伸び、遊具はさびついている。ゴミ箱にはゴミが詰まりっぱなしで、落ち葉を掃き清めるわけでもない。

最近は、行政も公園ボランティアを募集していたりする。自分たちで木や草を植えて、地域みんなで楽しめる庭をつくってみてはどうだろう。わが家の庭が小さくなっていくかわりに、公園をわが家の庭の延長と考えるのだ。

かってに公園をいじることができるのだろうかと思うだろうが、いまは、行政の財力がないので、ボランティアを喜んで受け入れてくれる。もちろん、大きな木の維持管理などは行政にまかせ、自分たちができる毎日の公園の管理をするのである。

これは、町内から行政に要望を出せば、行政も動いてくれるだろう。要望がなければ行政はなにもやらない。それだけである。

そこで、自分も参加して話をまとめ、ワークショップ方式で、公園のリガーデン（公園をリニューアルするという意味の造語で、私たち日本造園組合連合会が発案・提唱しているもの）づくり、活性化を図るのである。

この公園は、それぞれの住民にとってのわが庭なのであるから、木が伸びていれば木を切り、ゴミや落ち葉が散らかっていれば朝晩掃除をして、きれいに維持したい、みんながくつろげる場にしたい、と思うのではないか。種代《たねだい》、苗代《なえだい》などは行政にかけあって出してもらえばいい。従来の管理費にくらべれば、お安いもののはずだ。

「行政がやるべきことに、住民は手を出してはいけないのではないか」と思い込んでいるから、行政の怠慢が気になり、腹も立つ。しかし、これはわれわれが参加してやるべきもの。土地などはわが家の延長と考えれば、公園づくりはわが庭づくりの延長、公園管理はわが庭の管理と同じで、いつもきれいな、夜間でも安心して通ることができる明るい庭を維持できるはずだ。公園はマイガーデンなのである。

定年後、とくに男性は自分の拠点がなくなる。その寂しさを、もう一度、公園という新しい拠点をつくることによって払拭するのである。まして、いままで組織をまとめてきたリーダーなのだから、その力を、町内をまとめることに生かしたらどうだろう。単なるわが家の庭いじりから、そこまでガーデニングを広げていってほしいものである。

ドイツには市民農園（クラインガルデン＝小さな庭）がある。先日、そこに二ヵ月ほど寝泊りし、見学してきた。ここは週末滞在型の農園で、セキュリティは管理されて保障されている。シャワー室に、キッチンとベッドルームからなる一〇坪ほどのログハウスと、個々人の農地からなり、農地には自分の好きな野菜や果物を植えて、家庭菜園を楽しむことができる。

週末にやってきて、午前中は菜園の世話をし、収穫し、午後は、農地に隣接する広い公園でゆったりと昼寝をしたり、本を読んだり、からだを動かしたりして過ごす。

翌日も同じように菜園の世話をして、収穫した野菜でサラダやジャムなどをつくって家族で味わい、緑の恩恵をたっぷりと堪能して、その夜、都会へ戻る生活である。

そういう市民農園の造営を、自分たちの手でつくりだすのも悪くはない。

定年後、庭師をめざす人もふえている

また、定年後、庭師になって緑を相手に仕事を楽しみたい、という人もふえている。それまでも、ときに庭いじりをしていたが、本格的に庭や庭木の剪定《せんてい》を勉強して、自分の庭づくりに役立て、うまくなったらシルバー人材センターなどに登録して、セミプロとして仕事をしてみたい、あるいは、庭師の親方について修行したい、というわけだ。

庭師の希望者には道が開けている。それには技術を身につける必要があるが、各都道府県に、その職業訓練校や養成所などがある。

東京都の場合は、高齢者雇用促進のための「植木職アシスタント」セミナー。これ

は庭師の養成コースで、剪定や庭の管理など実習を中心としたセミナーが行われる。受講料は無料。定員は二〇名足らずで、受講期間は二ヵ月、週四日の授業だ。

当然のことながら人気が高く、毎回、競争率一〇倍近くの応募者がある。このセミナーの目的は、健康で、働く意欲と体力のある高齢者が、セミナーを通じて習得した知識と技能を生かして、就業できるようにすることなので、受講選考は、健康診断と体力測定、面接である。

このセミナーを受講してプロになった元サラリーマンも多い。なかには独立した人もいる。一〇年近いキャリアを持つ人もいる。

あるいは、植木が好きなので、シルバー人材センターなどに登録して働きたいというなら、センターでセミナーを開いているので、それを利用してみたらどうだろう。

緑のボランティアを志す

遠くの公園より　わが町の公園

行楽日和には、都内でいえば新宿御苑《しんじゅくぎょえん》、井《い》の頭《かしら》恩賜《おんし》公園、神代《じんだい》植物公園など有名な公園は人であふれる。お弁当を持って、夫婦で、あるいは友人と、一日中過ごすことができる。まして、サクラの季節、サツキの季節、アジサイの季節、バラの季節、モミジの季節ともなれば、その人の数は半端ではない。それはそれで楽しみも多い。

しかし、同時に、同じような熱意で、毎日接するわが町の公園を見直してほしい。年を重ねれば重ねるほど、歩みは遅く、足腰が弱くなるので、遠くの公園より、近くの公園が必要であり、大事になってくる。楽しみのある公園づくりが必要だ。

しかも、公園という設備はあるけれど、住民の生活にそぐわなくなった公園も少なくない。たとえば、東京の多摩ニュータウン。ここはかつて、若くエネルギッシュな人々の住まいとして開発された地域で、公園は多く、しかもデザインに凝っている公園が多い。

しかし、若かった彼らも年を重ね、また、自分の親を招いて同居するなどして、一挙に高齢化が進んだ。そういう年代の住民が多い公園としては、やたらに階段が多かったり、コンクリートで覆われた狭い通路だったり、樹木が生い茂りすぎていたり、不適切なものが多い。これなど、自分たち住民の力を結集して公園をリガーデンして、バリアフリーにし、車椅子が通れるような公園に変え、自分たちの生活に合った、いつでも気兼ねなく楽しめる公園にすれば、どんなにいいだろう。

わが家の庭は狭くても、一歩外に出れば、緑が豊かで、住民が一日を楽しめるわが家の公園が広がっていたら、それは素敵なことではないか。

赤ちゃんを抱いたお母さんから小さな子ども、悩み多き中高生や大人、経験が深いお年寄りまで、みんなが集まって和気藹々《わきあいあい》と話ができ、触れあうことができ、ものごとを伝えあえる場である。なにも家の中にひっそりととどまっていることだけが、定年後の暮らし方ではないだろう。

ふえている雑木林ボランティア、里山ボランティア

「おじいさんは柴刈りに行く」のは、昔話ではありきたりの光景だ。おじいさんは柴刈りに行き、薪割《まきわり》をしたり、炭焼をしたりして暮らすが、これは山を管理するためには大切な作業であった。柴とは薪用の草木である。山に分け入って、歩きながら周辺の草木を伐採して道をつくり、不必要な枝や枯れた枝などを切り落とし、これは薪として生活に利用するために、縄でなって背

負って帰るのである。

同時に、余分な枝を伐採された木はさっぱりして、新たに生長していく。こうして、山を明るく管理したのである。このようなきちんと管理が行き届いた山を、里山《さとやま》という。

ところが、いま、かつて里山だったところに人の手が入らなくなり、荒廃を招いている。

山にはよくはえていたクヌギやコナラが枝を伸ばしにくくなり、かわりにタケが密生しはじめている。タケは横に根を張り、地震には強いが、深く張らないので水害に弱い。大雨が降ると水を食い止めることができないので、地盤が崩れ、鉄砲水が出て、土石流が起こる。最近、こうした災害が多いのは、樹木ではなくタケがふえているからだ。

こうして山は、人があまり入り込めない雑林《ざつりん》と化している。しかも、ゴミが不法投棄され、ときには犯罪の場ともなる。

それにともない、クマが山から下りてきたり、シカやイノシシが道路を歩き回ったり、アライグマが民家に押し入ったり、生態系も大きく変わりつつある。

手を入れないのが自然だといって、山を荒れるにまかせていると、生態系は守れない。自然は人々の生活とともにある。これまでは、山を利用しながら生態系を守り、自然を育んできた。だからすばらしい。ここのところを勘違いしている人が少なくない。

そこで、各地で結成されているのが、雑木林ボランティア、あるいは里山ボランティアである。山に入って雑木を伐採し、さらには、それを利用して炭焼なども行っている。ボランティアの多くは、山歩きが好きだったり、登山経験者だったりするが、そういうボランティアに参加するのも趣味と実益を兼ね、おもしろいだろう。

実際、各地で公園ボランティアが結成されている。

たとえば、東京都千代田区では、住民団体キャップス（ＣＡＰＰＳ、千代田区アダプト制度公園プロモーションシステム）が主宰する千代田区の常盤橋公園掃除ボランティアがあり、この募集には毎回多くのボランティアが参加し、歴史ある常盤橋公園の再生をめざしている。このように、行政やＮＧＯがボランティアを募集している。広報やホームページなどをチェックしてみよう。

緑はからだも心も、地球も健康にする

作業中のけがには注意

定年後、庭師のプロになりたいという人も多いが、そこまで本格的でなくとも、緑をいじって時間を過ごしたいという人は非常に多い。最近は、休みの日など、朝から晩まで、刈り込みばさみや剪定《せんてい》ばさみを持って、ちゃかちゃか木をいじっている姿をよく見る。

ある庭師はこんな話をしてくれた。

近くで、毎日のように木をいじっている人がいる。聞けば、へんちょこりんな剪定だけれど、やっていて飽きないという。そういう人からはよく、ウメなど切りすぎて花が咲かないといって相談されることが多い。「サクラ切る馬鹿、ウメ切らぬ馬鹿」といって、ウメはどんどん切ってもいいとはいうが、切りすぎたら花は咲かないよ、と答える。そういわれても、つい、切りたくなるのだという。そこがプロと素人の違いか、と。

それは余談だが、いまの中高年は体力があり、バイタリティーにあふれている。ひところの中高年とはずいぶん違う。一〇歳以上も若い。だから、剪定の初心者といいながら、高い木にも平気でどんどん登っていく。はらはらするくらいだ。

先日は、イチョウの木に登って枝をゆすり、イチョウの実を落としていた。下で奥さんらしき人が受けとめている。危ない！イチョウの木は折れやすい。木に登って枝をゆすればひとたまりもない。思わず声を荒げた。

木に登るときは、気をつけたほうがいい。カキの木も案外折れやすい。どんな事故が待ち受けているかわからない。それに、ハチもいるし、ドクガの幼虫もいる。虫に刺されたり、かぶれたりもするからだ。

緑をいじれば生活習慣病も軽快する

緑は健康によい。植木仲間では、落ちて骨を折ったり、虫に刺されたり、けがをするものは多い。しかし、内臓を悪くするものは少ない。その理由を考えてみた。

第一は、はさみを持って手先を細かく動かすので、耳は遠くなっても脳は活性化され、ボケないということだ。

第二に、地下足袋《じかたび》で土の上や玉石《たまいし》の上を歩くので、ちょうど青竹踏みで神経やツボを刺激しているのと同じで、内臓によい刺激を与える。

第三は、立ったり座ったり、剪定の終わった部分を眺めたり、全身を激しく動かすので、適度な運動になり、太りすぎにはならない。メタボリックシンドローム（内臓脂肪症候群）を予防し、いま、中高年に多い肝機能障害、糖尿病は庭師には少ないというわけだ。

さらに、脚立に上って仕事をするということは、バランス感覚を磨くことになるので足腰を鍛え、これは脳にもよい刺激となる。ちょうどバランスボールや乗馬式健康器具で足腰を鍛え、内臓を刺激しているようなものだ。

こうして緑と戯れながらストレスを適度に解消できるので、胃潰瘍や十二指腸潰瘍も治ってしまうことがある。木々の蒸散《じょうさん》作用や光合成作用により、新鮮な、湿気のほどよく多い空気の中に顔を突っ込んでいるような感じで仕事をするから、肺にもよい。

森林浴でも話題になった、木の発する香りの素である「フィトンチッド」という物質をたっぷり吸い込むので、気分は安定し、高血圧や心臓病にもよいといわれる。

フィトンチッドという物質は、もとは植物が害虫や病原菌から身を守り、生命を維持するためのもの。空中の害虫や病原菌を退治し、昼は仕事への集中力を高め、夜は緊張をほぐして快眠を促す。

シルバー世代で、心臓の悪い人がいた。ペースメーカーを入れていた。ところが、緑をいじっているうちに元気になり、ペースメーカーの必要がなくなったという。その人は「これは植木いじりのおかげだ」と信じている。真偽は別として、実際、緑をいじりはじめて、元気になった、気分がよくなった、という人は多い。

グリーンライフは疲れを癒す

「目が疲れたら、遠くの緑を見る」

「緑はやすらぎをもたらす色なので、カーテンなどに用いる」など、緑は疲れを解消し、心を和ませ、癒《いや》してくれるといわれる。

このことは、脳波の測定によっても明らかだ。

生垣《いけがき》に囲まれた人と、ブロック塀に囲まれた人の脳波を測定したところ、生垣の場合は、リラックスしたときに多く出るアルファ波が多く発生し、ブロック塀では、緊張や興奮状態のときに多く発生するベータ波が多く見られたのである。

ブロック塀では、圧迫感が強くて緊張を強いられ、リラックスすることができない、生垣では、開放感があり、ストレスを軽減し、リフレッシュできるからだろう。もし、ブロック塀なら、生垣に変えてみよう。

さらに、緑の少ない環境と、緑の多い環境で休暇を過ごした場合の、疲労の回復度をくらべたところ、緑の多い環境のほうが、運動などの疲労からも早く回復することが、心拍数を通して確かめられたという。

休みの日は室内に閉じこもっていないで、積極的に緑がある環境に身を置くことだ。緑の多い公園に行ったり、山歩きをしたりしてみよう。室内で過ごすことが多いなら、インドアガーデンを工夫して、緑を生活に取り入れてみよう。

緑がヒートアイランドを救う

都市部の気温の上昇が問題になっている。

東京都の場合、この一〇〇年で三度も気温が上昇した、といわれる。とくに夏の連日の猛暑はかなりのものだ。ビル街では五〇度以上になることもあるといい、熱中症が増加した。

これは空調機からの放熱、自動車からの排熱、コンクリートやアスファルトの増加、緑地や水面の減少が原因とされる。

このヒートアイランド現象を緩和するのが緑である。夏、木陰に入ると暑さをしのげることからも想像がつくだろう。

緑は温室効果ガスといわれる二酸化炭素を吸収して酸素を吐き出し、枝葉からの蒸散作用は、気化熱を奪って気温を下げる働きがある。

屋上緑化や壁面緑化、芝生を利用した駐車場、街路樹や生垣、緑の公園など、緑をふやす工夫が大事である。

実際、東京・名古屋・大阪・福岡など主要都市では、条例で屋上緑化が義務づけられている。東京では、一〇〇〇平方メートル以上のビルを新築または増改築する場合に、屋上の二割以上を緑化する必要があり、東京のど真ん中のビル街、丸の内や六本木界隈などでは屋上庭園が少なくない。

工事中のパネルなどの壁面にも、つる性植物をはわせ、見た目のなごみだけではなく、夏はクールダウン、冬はウォームアップにつとめている光景を見かける。

また、ビル壁面の緑化により、夏、窓から室内に入る熱気の七〇パーセントをカットし、冷房費用の一〇パーセントを節約できた、という結果も出ている。冬は、枝葉の空気の層によって保温効果が生まれ、エ

緑の屋根、緑の壁でクールダウン

アコン代が節約できるうえ、二酸化炭素の排出量も減らせる。

庭なども、ブロック塀でなく生垣にすれば、夏は木陰効果でクールダウン、冬は、木がらしや寒さから家を守り、木の層による保温効果が期待できる。騒音を和らげるためにも、防災・防火・防風の面からも、地震による倒壊を防ぐためにも、生垣づくりは全国的に助成が行われている。

そのほか、ヤマモモ、オオムラサキ、シャリンバイ、ヤツデ、イチョウ、サンゴジュ、レンギョウなどの街路樹や公園の樹木は、大気の浄化におおいに役立っている。

木は大気汚染に対する抵抗力が強く、光合成により、二酸化炭素とともに二酸化窒素や二酸化硫黄などの大気の汚染物質を吸収し、空気を浄化してくれる。舞い上がるほこりなども、葉裏の毛やぎざぎざや、複雑な形の葉が吸着して、ほこりっぽさを解消してくれ、心地よい風の道をつくり出している。まさに、木は自然の空気清浄機である。

いまは、都市部のヒートアイランド現象だけでなく、地球規模の温暖化や酸性雨が問題になっている。住みやすい環境、きれいな空気、きれいな水を確保するなら、木を大切にして、森林面積をふやす必要がありそうだ。

植物にはエコパワーがある

植物には環境を改善するパワーがあることが、近年次々に明らかになってきている。前述のように温度の上昇をやわらげたり、二酸化炭素をはじめとする温室効果ガスを吸収して、地球の温暖化を食い止めたりするだけでなく、かつてよく見られた魚つき林や屋敷林のはたらきなども、森林の重要なはたらきとして再認識されてきた。

魚つき林というのは、かつては海岸近くの小島などに保護されてきた森林をいう（ここには森林を守るために神社が設けられ、これを鎮守の森といった）が、今は、もう少し範囲を広げて、河川流域や海岸線などに植えられた森林もさす。北海道などでは地域の住民の力で河川流域に広大な魚つき林の復活作業が行われてきた。これらの魚つき林は、水面の温度の上昇を防ぎ、落ち葉などによる有機物をふやして、魚がすみやすい環境をつくり出すはたらきがある。

また、屋敷林は関東平野や日本海沿岸の季

節風の影響を受けやすい農村に見られるもので、田畑や住居を囲む林である。これは、冬は山から吹き下ろす風や吹き荒れる雪から田畑や家を守り、夏は涼しい環境をつくりだし、さらに、防音、防火などのはたらきもする。

こうした植物のパワーを取り入れて、街路沿いや建物の間にも多くの木が植えられてきたが、さらに、最近では、ビルやマンションにおいても生活環境の重視がうたわれ、周辺には多くの緑地が整備されるようになった。これは現代的な屋敷林といっていいだろう。

都会にありながら、マンションの立ち並ぶここ一角は静かで、空気は清涼で、川のせせらぎまで聞こえて、どこにまぎれ込んだのだろうと思うことがある。木には、音をはね返したり吸収したりして騒音を和らげる防音効果や、風を弱める防風効果があるからだ。

たっぷり水分を含んでいる木は耐火性があり、火のまわりを食い止め、風の向きをコントロールして、避難路を確保すると同時に建物を保護する防火のはたらきもする。とくに大震災などのようなときにはその威力は素晴らしく、阪神大震災では、クスノキが植えられた公園が焼き止まりになったといわれる。

まさに、植物は、私たちのくらしを守るために大きなパワーを発揮しているのである。これからは、さらに緑のある生活が重要視され、植物のエコパワーがますます期待されるのだろう。

リガーデンのすすめ

みんなが望む庭

二〇〇四年の浜名湖花博に、わが造園連も「家族が集うやすらぎの庭」を出展し、パシフィックフローラ大賞を受賞したが、このとき、この庭に来訪した人三〇〇〇件にアンケートを取った。その結果は、次のとおりである。

「どんな庭がほしいですか」（複数回答）

自分で手入れできる庭	171件
花を中心とした庭	125件
日本庭園	57件
子どもの遊び場がある庭	42件
木を中心とした庭	41件
ライトアップされた庭	36件
水を中心とした庭	30件
灯籠《とうろう》や蹲（つくばい）のある庭	16件
ビオトープの庭	13件
石を中心とした庭	7件
その他	

「造園連の家族が集う庭を見ていいと思った点」（複数回答）

和風庭園のスペース	143件

やすらげる雰囲気　129件
花がきれい　85件
メダカやアメンボがいる環境　35件
洋風庭園のスペース　29件
土塀　8件

このとき、造園連では、自然があふれる和の庭園を提案したのだが、多くの人がこの和のやすらげる雰囲気を望み、花が咲き、トンボがくるような自然の庭を喜んでくれた。実際、ここにきて、庭をつくり直したい、樹木と石の、自然風の和の庭につくりかえたい、という声は多い。

和の雰囲気を味わう庭

いまは和ブームであるが、和モダンともいい、一昔前の和風とは異なるが、若い女性は浴衣を着用し、手ぬぐいなどの和小物を使い、和陶器を食卓に並べ、明治・大正の骨董家具に囲まれた生活を楽しむ傾向にある。和を意識した柄物の輸入陶器も多く、また、茶庭《ちゃにわ》や風車のある田舎のミニチュアなども、インテリアとして人気だという。

中高年にとっては昔なじんでいた光景であり、一時はダサイと捨て去ったモノではあるが、和に対する郷愁は捨てがたい。ようやく洋風の生活に慣れてきたものの、和へのあこがれはＤＮＡに刷り込まれているのだろう。

ガーデニングでも、行き着くところは和の庭である。和風の庭ではなく、和の庭というところが新しい。ワレモコウ、リンドウなどが咲く自然の庭というわけで、これはイングリッシュガーデンが、和花に似た草花を用いていることとも関係があるだろう。

　実際、ススキにしろ、オミナエシにしろ、和の花はイングリッシュガーデンにはよく似合い、洋の庭とも釣りあう。とくに、木の根元や石に添わせるように植えると奥ゆかしい。イギリスあたりでは、枯山水《かれさんすい》が人気になっているという。自然花壇と枯山水の融合である。

　新宿御苑《しんじゅくぎょえん》でも、雑草の庭が目を引く。都会では見かけなくなった雑草を囲って、小さな花壇をつくっている。

「庭にある草は、素敵だ、可憐だ、そっとしておきたいと思えば名の知れぬ草花になり、邪魔だ、取り除きたいと思えば雑草になる」といわれるが、この雑草が、季節ごとに小さな地味な花をつけ、実をつけ、種子を飛ばすとき、もう一度、雑草のたくましさを利用して、庭を飾る植物として生かしていきたい。

　ただし、雑草花壇は管理がむずかしい。互いの勢力が均衡して身を寄せあっているときは絵になるが、勢いのよい雑草がその勢力を広げると、とたんにバランスが崩れ、見苦しい邪魔な存在になる。こまめな手入れが必要だ。

　いずれにしても、春の七草（セリ、ナズナ、ゴギョウ、ハコベラ、ホトケノザ、スズナ、スズシロ）や、秋の七草（ハギ、ススキ〔オバナ〕、クズ、ナデシコ、オミナエシ、フジバカマ、キキョウ）を花壇で育ててみるのは楽しいことではないか。

　そして、和花と呼ばれる草花――春に咲くケマンソウ、シバザクラ、シラン、スズラン、ツボサンゴ、ミヤコワスレ、ユキノシタ、夏に咲くフウロソウ、ホリホック、ミソハギ、リンドウ、秋に咲くシュウメイギク、サルビア、シュウカイドウ、ツワブキ、フクジュソウ、ホトトギス、葉ものではギボウシ、シロタエギク、ゴシキドクダミ、フッキソウなどの宿根草《しゅっこんそう》をその近くに植えてみよう。

ある美術館を訪ねたとき、雑草の中にコスモスが咲き、可憐な姿が風に揺れて、その繊細さがよかった。見かけによらず強靭なコスモス。雑草には負けないコスモス。背がひょろひょろしない矮性《わいせい》のコスモス。この矮性コスモスを選んで、雑草の間に植えてみてはどうだろう。

料理を楽しめる、食べられる庭

春には野イチゴ、夏にはアケビやイチジク、秋になればカキやクリ、ミカン……。これらの、庭になる実を採ってきて食す、という贅沢。これは失われてしまった懐かしい光景であるが、小さな庭で、もう一度再現してみたいものだ。

いまは昔と違い、小さな庭でも、ときには鉢植えでも育つような、果樹の苗が生まれている。

庭なら、アケビ、オリーブ、イチジク、ウメ、カキ、イチゴ、キウイフルーツ、キンカン、クコ、ザクロ、ベリー類、スモモ、フェイジョア、ブドウ、モモ、ユズなどがいい。

わが庭の収穫物で、
夫婦一緒にジャム作り

鉢植えなら、アボカド、カリン、グミ、ダイダイ、レモンなどがおすすめである。

ヨーロッパでは、果樹は食品にも利用できることから盛んに栽培されてきたが、日本では、「果樹を庭に植える馬鹿、虫はつくし、多くの実を収穫しようとすれば木は伸ばさねばならず始末におえない」といわれたこともあった。が、いまは、実を楽しみ、それを食す木として、人気が高い。

ユズの香りのよい花が咲き、実がなる楽しみ。さらにそれを収穫して、ユズを利用した料理やお菓子をつくったり、果実酒をつくったりしてみるのも、生活が一段豊かになった感じがするという。お菓子づくりに庭のイチジクを利用したり、たくさんなったイチゴやベリー類でジャムづくりをしたり、秋のカキやブドウの収穫を待ち焦がれたり……、花も実も葉っぱも楽しむことができる、食べられる庭の効用はどんどん広がっていく。

果樹は庭に直接植えるほうがよいが、日当たりが必要。もし、日照が限られるようなら、鉢植えにして、日照に合わせて鉢を動かすようにすればいいだろう。

育てるのは決してむずかしくない。ただし、クリやナシ、リンゴなどのような果樹は広い庭が適し、小さな庭にはむかないこともあるので、庭の大きさに合った果樹を選ぶことだ。最初は、ブドウ、ミカン、モモ、ベリー類など、なるべく自分の花粉で実をつける、自家結実性のものからはじめよう。肥料を多めに与えれば、あとは一般の庭木と同じだ。

そうやって、慣れてきたら、アケビ、サクランボ、スモモ、キウイフルーツなど、自家不結実性の果樹にも挑戦してみよう。

花壇で楽しむ野菜の花

果樹の栽培とともにすすめたいのが、花壇で育てる野菜の花たちだ。

欧米では、ポタジュガーデンといって、いわゆる家庭菜園ではなく、花壇の中で草花の一つとして野菜の花を育て、菜園を庭として見せる工夫が盛んに行われている。

たとえば、サツマイモの花をご存知だろうか。紫のラッパのような花で、きりりとした美しさがある。一個のサツマイモから芽を出して、伸ばしたつるをフェンスやラティス（格子状の仕切り板）、オベリスク（塔のような支柱）などに誘引すると、次から

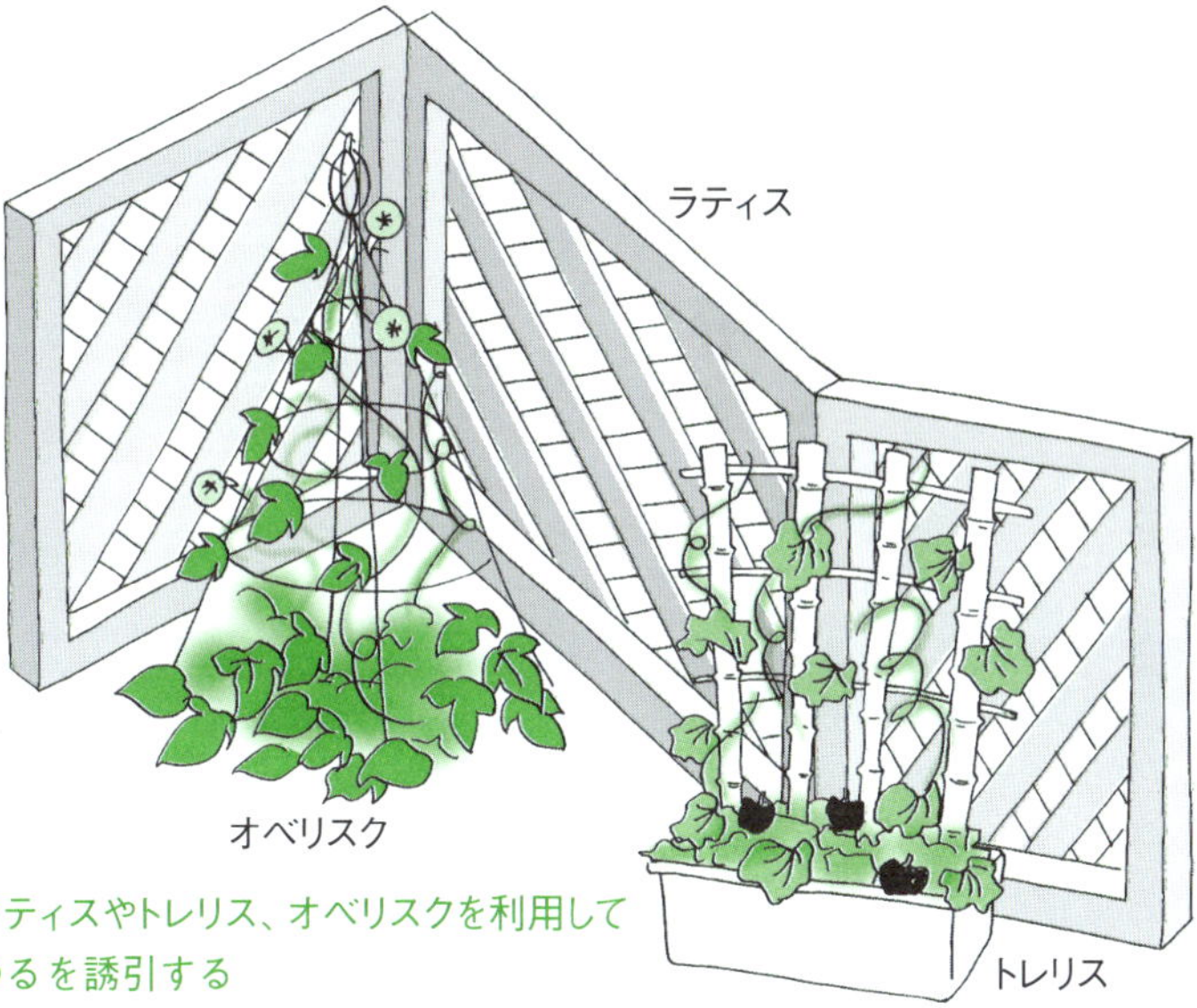

ラティスやトレリス、オベリスクを利用してつるを誘引する

次に花をつける。やはり野菜は丈夫な植物なのだろうか。花期は意外に長く、花壇を美しく飾ってくれる。

ナスの花も、キュウリの花も、カボチャの花も、同じようにたくさん花をつける。あるいはネギの花も何本かまとまってあると、その姿がユーモラスで、花壇に変化を生む。サトイモやヤツガシラの葉は、形も色もあざやかだ。しかも鑑賞だけでなく、食べながら楽しめるのが、花壇の野菜の花たちである。

畑づくりはますます盛んで、「定年後は田舎に帰って農作業をしよう」という人もふえているが、都会にいても、野菜の花を花壇で楽しみ、その一部を口にすることは可能だ。カモミール、レモングラス、ミント、バジル、タイム、ローズマリーなどのハーブたちは、花や葉がかわいく、香りもよいので、野菜類の横に、忘れずに植えてみよう。

なお、野菜の苗には虫がつくからと躊躇《ちゅうちょ》する人は、ナスタチウム、マリーゴールドなどのコンパニオンプランツ（ある種の植物を組みあわせて植えると、害虫や雑草の被害を防ぐことができる。その共栄植物のこと）をいっしょに植えると、病害虫よけになる。

一年中花が咲く庭

食べられる庭と同様の楽しみの庭として、一年中花が咲く庭もいい。

春先は花も多く、花木《かぼく》はにぎわいを見せ、秋には葉を紅葉させ実を結ぶが、夏や冬の庭は花が少なく、寂しい感じがする。


こういう時期でも庭を美しく保つように、庭を、期待を込めて眺められるように、四季にそれぞれ咲く花木を植えて、一年中花が咲く、美しい庭を楽しんでみてはどうだろう。

たとえば、早春に咲くロウバイ、春に咲くコブシ、カイドウ、レンギョウ、初夏に咲くフジ、ツツジ、クチナシ、アジサイ、夏に咲くサルスベリ、フヨウ、秋に咲くブッドレア、キンモクセイ、晩秋に咲くツバキ、サザンカ、という具合である。

ほんとうに花が途切れたときは、最近は花暦よりも先に市場に登場する一年草の鉢植えを花台にまとめて飾り、庭をにぎやかにする。パンジーなどは、一〇月ころから翌年の四～五月ころまで咲いている。

そして、わが家の花日記をつけてみよう。

写真に撮って、定点観察をしてもいい。こうした作業の楽しみが、庭づくりや栽培、木の生長をより興味深いものにしてくれる。

香りがうれしい庭

庭のスペースがない、あるのは門から玄関までのアプローチだけ、という家がふえてきた。「だから庭づくりを断念している」という人にすすめたいのが、簡単にできる、香りが楽しめる庭である。

門からアプローチに足を踏み入れたとたん、足元から香りが漂ってくる。玄関へと足を運べば、キンモクセイの香りがからだを包み込み、まるでウエルカムシャワーのように、来訪を歓迎してくれるというわけだ。

木の香りには、前にも述べたように、フィトンチッドという物質が含まれ、これが緊張をほぐして血圧や心拍数の上昇を抑えるという。香りのする庭はまさしく、心やからだをリラックスさせてくれる、アロマガーデンといってもいい。

香りのする木には、葉が香るニオイヒバ、ゲッケイジュ、キンバイカ、花が香るキンモクセイ、ジンチョウゲ、モクレン、スイカズラ、バラ、実が香るミカン、レモン、ユズなどのかんきつ類がある。そして、足元に触れると香るハーブ類を植えれば、アプローチだけでも立派な庭になるのである。

健康になるための庭

立派な庭を眺めて楽しむのは昔話。いまは、なにかをするための庭を追求してもいいのではないだろうか。小さいころは、庭は遊ぶためにあった。庭に砂場をつくり、樹木の間にハンモックを吊るし、夏は雑木《ぞうき》の間に小屋をつくって、今晩は庭で過ごす、といって親を説き伏せ、一人ロビンソン・クルーソーを気取ってみたりしたものだ。冬は落ち葉焚《た》きをして焼芋をつくった。そのくらいの広さの庭があったのである。

いまは、小さな庭になってしまったが、その庭でなにかやりたい、という気持ちは変わらない。その第一歩として、たとえば、健康になる庭がある。

いちばん簡単な方法が、芝を植え、はだしで芝の上を歩き、ときには芝の上に大の字になって寝ころがれる庭。深呼吸をすれば、草いきれが心地よく鼻を刺激し、青空もせまってきて、天守閣に一人寝ている気分になれる庭だ。地球を一人占めにしたのである。

あるいは、庭の中の踏石《ふみいし》。高齢になれば、もう踏石は危険かもしれない。小さな段差につまずくようなことが起きるかもしれない。

そこで、踏石のまわりに段差がなくなるように、玉石《たまいし》を打って平らにし、足裏を刺激する玉石の道にする。危険がないように掃除して、はだしで歩いてみよう。内臓も脳も刺激されて毎日が気持ちよく、若返るに違いない。

こうして、いまある庭にちょっと手を加えれば、リガーデンは完成し、「私が健康になるための庭」に変身するのである。

ペットがいる庭

「おや、あなたもですか」「かわいいですね」「子ども以上ですね」という会話。テレながらわが子を対面させるのは、中高年の「親父」に多いという。子育てにかかわりたくてもできなかったその物足りなさを、ペットで補おうというわけだ。

実際、子どもが独立したあとに、犬を飼う家庭は、急にふえてくる。猫は、自分勝手で決して人間の意のままにならない気高い存在であるから、飼うなら犬だ、という人も多い。最初は、妻が連れてきた犬に文句をいいつつ、いつしか、犬嫌いだったはずの男性が、甘い、だれにも呼びかけたことがないような声を出して「○○ちゃーん、おいで、おいで」などといっている。

しかし、庭にとっては、犬の存在は迷惑だ。共存がむずかしい。犬は土を掘り返して遊ぶのが習性だからだ。立派な芝生の家が、犬を飼ったとたん無残な姿に早変わりし、庭がぼこぼこになったケースをしばしば見かける。

犬がいる場合には、人の庭ときちんと区分けして、犬の庭をつくってやる必要がある。玄関近くに犬の庭をつくるのである。生垣《いけがき》で囲い、そこには犬小屋と、掘ってもいい地面と草むら、そしてレンガを敷き詰め、散歩から帰ってきたときに足を洗い、ときには水浴びもできる壁泉《へきせん》を設けておく。そうすれば、庭を荒らされずに、犬と共存していける。

猫の場合は、トイレの習慣をきちんとし

つけておかないと、自宅はもとより、隣近所の庭に排泄《はいせつ》して、臭いにおいを漂わせ、迷惑をかける。猫のトイレを完備しておこう。また、庭の日当たりのいいところに器を置いておくと、その中に入って案外おとなしくしている。猫は狭いところが好きなのである。

また、近頃は、ペットガーデンといって、ペットのための庭づくりをする人もいる。専用の庭をペットに与えるのだ。たとえばワンちゃんの場合は、カラフルな犬小屋をつくり、いつでも水が飲める水飲み場を用意し、片隅にポールを立ててトイレをつくり、犬が遊べるような骨などの玩具を置き、穴を掘れるように地面の露出した部分をつくってやり、至れり尽くせりなのである。

人間と同じようなブランドの洋服が、ワンちゃんにも用意される時代ならではの光景である。水飲み場やエサ台、巣箱を設けて、小鳥の飛んでくる庭もいいだろう。庭が広ければ、このようにはっきりと、人間の庭とペットの庭を分ける手もある。

わびさびの世界に浸り、茶を味わう庭

中高年の趣味の一つに、茶道のたしなみがある。社交の場で恥をかかないために、ともいうが、たいていは着物を着る機会を持つことと、心を落ち着かせ、日本のわびさびの世界に浸ることが目的だ。女性ばかりか、定年後の男性もふえてきている。

同時に、茶庭《ちゃにわ》をつくりたい、という人もふえている。

茶庭を露地《ろじ》といい、これは茶室に客をい

ざなうための設備であり、露地を通ることによって、世俗の汚れを洗い流す、つまり露地は清めの場でもある。したがって、露地となれば必要なのが、つくばいである。手を洗い、口をすすいで身を清める設備である。小さな庭なら、敷石《しきいし》や飛石《とびいし》を打ち、つくばいを置けば十分。これを一重露地《いちじゅう》といい、茶室の前に設けられる。

ポピュラーなのは二重露地《にじゅう》で、これは庭を二つに仕切って、中門《ちゅうもん》にいたる道すがらを外露地《そと》、さらに奥まって深山幽谷《しんざんゆうこく》の雰囲気を表す内露地《うち》とに分けたもの。二部屋を利用し、ひと部屋の手前の庭を外露地として、石砂利を敷いて敷石を打ち、外と内の仕切りを取りつける。そして茶室になる部屋の前の庭を内露地として、つくばいを置き、飛石を打つ。これはマンションのベランダでも可能である。

必要な植栽《しょくさい》は、つくばいのまわりの役木《やくぎ》（131頁参照）くらいである。木には、モミジ以外は常緑樹を用いるのが習慣。アラカシ、シイノキ、モッコク、カクレミノ、ネズミモチ、ヒサカキ、シャリンバイなどが茶庭に用いられる。

茶をたしなむことがなくても、茶庭の風情をわが庭に取り入れてみるのもいい。狭いスペースで和の空間を楽しめる。

思い出を敷き詰めた庭

リガーデンする場合に、記念樹の移植の相談を受けることがある。子どもの誕生日ごとに植えた木、成人したときに植えた木、受賞記念に植えた木など、いろいろな思い出がつまった木……記念樹を移植して、思い出の庭を再構成したい、というのである。

樹木の移植は素人ではうまくいかない。下手をすると枯らしてしまうので、プロの庭師に頼むことだ。しばらく根回《ねまわ》しし、細根が発生したら移植することになるので、早めに依頼する必要がある。

しかし、プロでも移植のむずかしい木がある。樹齢がたっている木、朽ちかけている木は当然のことながら、木の種類によっては移植しないほうがいい。たとえば、イトヒバ、カヤ、コウヤマキ、コブシ、ジンチョウゲ、スギ、タイサンボク、ネムノキ、ヒノキ、モクレンなどだ。

果樹では、カキの木もむずかしい。たいていは移植すると、実がならなくなり、枯れてしまう。しかし、プロに相談すれば、なんらかのアイディアを提供してくれるだろう。

ある人は、愛着のあったカキの木を残したい、と移植を考え、いろいろな庭師にあたったが、無理と断られた。なかに一人、引き受けてくれた庭師がいて、それがうまくいった、という場合もある。願えば叶うのかもしれない。

あるいは、記念樹をうまく取り入れて庭の外枠を組み直し、リガーデンする例も少なくない。

思い出はごく個人的なもので、他人には理解しがたいが、こだわる人は手元に残して、毎日眺めていたいのだろう。

そういう思い出の庭づくりにすすめているのが、思い出の小道だ。どんな小さな庭でも、手入れのために小道をつくるといいが、この小道に思い出をちりばめるのである。

小道に愛着のある庭の敷石を置き、エコクリーンソイルなどの土系舗装材を使用する。それを小道にまいて、水をかければ、コンクリートのように固まって舗装できる。このときに、ビー玉とかおはじきとか、割ってしまったお茶碗のかけらとか、趣味で製作した陶器のタイルとか、いろいろな思い出を埋め込む。これなら、歩くたびに思い出がよみがえり、小道が熱い思いを運んでくれる。

エコクリーンソイルは、だれでも手軽に舗装できる。ただ、プロとアマとの違いは、表面が平らになるよう丁寧に仕事ができるか、できないかの差だろう。

車椅子で楽しむ庭

車椅子生活や寝たきりになったときに、心を慰《なぐさ》めてくれるのは、やはり庭の緑や草花、庭を通して感じられる四季の変化だという。自由に外を歩き回ることができずに、家の中にこもりっきりになってしまいがちだが、室内にいて、いつも庭を眺めることができる工夫、そして、戸外の雰囲気を味わうために、せめてわが家の庭を、自由に車椅子で動き回れる工夫をしておきたい。

先日も、二五年くらい前につくった庭の石を取り除いてほしい、という要請があった。「あれから二五年もたったのね。主人はとうとう車椅子の生活になってしまったのよ」と奥様はいい、庭の石を取り除いてス

ロープをつくり、ご主人が自由に車椅子で庭に降りることができるようにしたい、というのであった。

私は石を取り除き、考えた末、枕木《まくらぎ》を使って通り道をつくり、その脇に古い石の流し台を少し高めに据えて花を植え、花壇をつくった。車椅子で通りながら、そこで土いじりができるように工夫したのである。それは機能回復にも役立ち、たいそう喜ばれた。

手を伸ばして花がらや枯れ葉、枯れ枝を取り除くことができれば、あるいは日差しの下で草取りができれば、そして木々のやさしさに触れ、外気をたっぷり浴びれば、多少の機能不全も認知症も改善されるかもしれない。鬱屈《うっくつ》した心も開放されるかもしれない。

童話の『葉っぱのフレディ』ではないが、

壁に描かれた一枚の葉に勇気づけられるように、庭に勇気づけられ、元気になれそうな気がするではないか。

実際、園芸療法という言葉がある。とくにアメリカで発達した作業療法の一つで、ベトナム戦争後、戦地から戻ってきたものの精神的に立ち直れない若者が、この園芸療法によって心が癒《いや》され、社会復帰できるようになったとして、以降、治療法に取り入れられるようになった。老後にこそ、園芸は意義があるのかもしれない。

もし、広い庭があるなら、庭に面する室内には大きな窓をつくり、掃き出し窓からスロープを延ばして、庭に出ることができるようにしてみよう。さらに、パーゴラ（つる性植物をからませる棚）を設けて、椅子から立ち上がったときにからだを支えられる手すりをつけ、さわやかな風を受けながら、飽きず庭を眺めていられる憩《いこ》いの場所を設けよう。

新設するときも、なるべく、いままでの材料を生かすといい。思い出が詰まった材料である。これは家の壁に使っていた材料、これはその昔、毎日花を生けていた花瓶、といったように、思い出を入れてつくるのである。

ただ、スロープにするには、ある程度の土地の面積が必要である。それができないときは、大きな窓に続くサンデッキがあるといい。室内からバリアフリーでつながるサンデッキである。ただし、車椅子が勢いあまって飛び出さないように、周囲はラティス（格子状の仕切り板）などで囲っておこう。釘《くぎ》などが飛び出していないように、注意する必要もある。

一時期盛んだったサンデッキづくり。いまは「サンデッキだなんて……」と、少々人気がないが、高齢化時代を迎えて、もう一度、その効用を見直してもいいだろう。

二世帯住宅をパティオでつなぐ

一つの敷地に、親子二世帯が別棟で住んでいることがある。だんだん行き来がなくなり、老夫婦はさびしい思いをしていることもあるようだ。家族構成によって生活スタイルが異なってくるので仕方のないことだが、こんな場合にすすめたいのが、パティオ（中庭）である。

パティオ発祥の地スペインでは、日差しが強いので、壁をつくって日をさえぎり、そこに泉をつくったり、木を植えたり、木陰で一休みするために椅子を置いた。こうして、いまのパティオの体裁《ていさい》が整った。

そこで、われわれの提案は、二棟を渡り廊下でつないで、この間にパティオをつくることだ。天気のよい日は、ここでおしゃべりをしたり、趣味の手仕事をしたりして楽しむ。それぞれの生活スタイルを保障しつつ、時間を共有することもできる。

パティオにはレンガを敷き詰め、小さな花のステージを設けて鉢花を置き、中心にはシンボルツリーを植えて、その下に椅子とテーブルを置く。こうして庭のある生活を楽しむのである。

コーナーごとにリガーデンを試みる

リガーデンは、一気にやろうと思うと、その大変さを思って躊躇《ちゅうちょ》する。そういう場合は、コーナーをつくって、コーナーごとに庭づくりを楽しめばいい。

今年はガレージ脇のツツジを整理して、和の坪庭にしよう。樹木の脇は簡単な石畳《いしだたみ》にして、石畳の際《きわ》にはエビネやカタバミ、ツワブキ、ネリネなどの和の花を植えてみる。少し時間ができたら、次はガレージの壁面を立体花壇に変えてみよう。

壁面を竹垣にしてみてはどうだろう。その次には、この穴のあいた生垣をなんとかしよう。きちんと定期的に手入れしないと、生長がよすぎてすぐにうっそうとしてくる。玄関からガレージにいたる小道も、飛石《とびいし》を打っているが、数年後にはバリアフリーにしたい。

このように、数年先を見据えつつ、四季ごとにリガーデンプランを練りながら進めていく。そうすると、意外に苦にならず、毎日手仕事ができるのは、心身の健康を維持するためにも大切なことがわかってくる。

病気で休養しなければならないときでも、毎日の簡単な手仕事があると、気分を紛らわし、救いにもなる。庭掃除、草取りも日課に組み込んでおこう。

定年後に気になる庭の費用

花木の管理はプロより素人ガーディナー

「いよいよ年金生活に入るので、いままでのように、すべてをプロの庭師にお願いすることはできない。自分でやれるところは自分でやり、やれないところをプロにお願いしたい」という中高年の家庭は多い。

当然のことである。実際、庭も住む人によって変わり、子どもが小さいときは砂場があった庭は、やがて子どもが大きくなるにつれ、小さな池に変わったり、花壇に変わったりし、定年間際には子犬のいる庭に工夫し、定年後には菜園になるというのが一般的だ。

植木の講習会などがあれば、どんどん参加して、プロから剪定《せんてい》方法などを学べばいい。どうしてこのように切ってはいけないのか、こう切るべきなのか、などということは、実際にやってみなければわからない。年金生活になったら、時間はたっぷりある。学びながらわが家の庭を整備していけばいい。

庭いじりを好む女性は多いが、男性でも、定年後、庭いじりが俄然おもしろくなった、ついには家庭菜園でわが家の野菜すべてをまかなっている、という人は少なくない。

じつは、庭師にもできにくいことがある。それは花木《かぼく》の管理である。花木は、花が咲き終わったときに刈り込んだり、剪定したりしていかなければならない。ところが、庭師は花が咲き終わるたびに、そのお宅にうかがって花木の剪定をするわけにはいかない。住み込みで花木の管理をするわけにはいかないだろう。庭師を頼むほうも、そんなことをしていては費用がかかり、お手上げだ。

したがって、花木の管理はプロではなく、基本的に素人のガーディナーがすべきであると思う。花が咲き終わったら、自分で花がらを摘み、刈り込んだり、枝を透かしたりする。これを習っておいて、一年に一～二回、自分で手に負えないものをプロに依頼するようにする。

ちょっと知りたい庭の値段

定年を前に、庭を整理したいと思う人は多い。手入れしやすい庭、お金のかからない庭にして、今後老後の二〇～三〇年を、庭とともに過ごしていこう、というわけだ。少なくとも、その外枠だけでもプロの庭師に頼み、きちんとしておきたい。

ただ、問題は、庭師に頼んだ場合の費用である。庭はお金がかかる、というのが世の中の定説になっているらしい。

樹木を買い足せば、それはピンからキリまであって、立派な枝ぶりの芸術品なら、一〇〇万円単位のものも少なくない。灯籠《とうろう》も案外現代の庭に合うが、これも値段にきりがない。最近は、高価な年代ものを求めず、創作灯籠などの添景物《てんけいぶつ》を上手に使用すれば、手ごろな価格で手にすることもできる。が、今度はどれを選んだら庭にマッチするのか、品のよい庭になるのかがわからない。そこで、頭を抱えてしまう。

一般的に、芝生を中心にして樹木を置くならそれほどはかからないが、そこに景石や石造品などが加わってくると、坪単価は上がってくる。石灯籠一基で、数万円から一〇〇万円以上まである。造園は自然物が対象であるから、よいものを見抜く目も必要だ。

こういうときは、希望する庭の構成だけでなく、予算はこれで、これを上回ることはできないと提示して、その範囲内で設計プランを出してもらうことだ。

なお、雑誌や本などで、この庭は〇〇円、と費用を表示している場合がある。これはあくまで参考価格である。相手は自然物なので、同じものが手に入るとは限らない。庭の条件も違ってくる。同じ木を植えられないこともある。また、大きなクレーンが使用できるか、人の手で運搬するか、敷地条件で予算は大幅に変わってくる。植木にしても、実物を見れば、どうしてもよいものを求めたくなるからである。

2章

いにしえに学ぶ庭づくりのルール

名園をめぐってみよう

『日本の名園』だの、『名園散歩』などと題する本をぱらぱらと眺めてみると、いままで、意外に多くの名園に足を運んでいたことに気がつく。名園といわれる立派な庭に触れたという意識もせずに、足を運んできたのだなと思う。

小学校時代は、歩いて一〇キロの範囲にある、たとえば東京住まいなら、新宿御苑《しんじゅくぎょえん》などの公園に、遠足と称して遊び、サクラを観察したり、モミジを鑑賞したりした。

高学年になれば近県の名園に足を伸ばし、中学・高校ともなれば、めざすは京都・奈良。まだ新幹線がなかったころで、修学旅行列車「ひので（関東地区）」「きぼう（関西地区）」とか「わかくさ（関東地区）」「わかば（関西地区）」などに乗って、七～八時間かけて、はるばる出かけたものだ。この二回の修学旅行で、かなり多くの奈良・京都の寺社仏閣の名園に親しんだ。以来、京都や奈良が好きになった。若いころはアンノン族の一人旅ではないが、とくに女性では、よく奈良・京都に足を運んだ、という人もいるのではないだろうか。

もっとも、当時は、歴史教科書を思い浮かべ、年表をなぞりながら庭を歩き回っただけで、美しさに感動するというよりも、伝統にいくつ触れた、ということのほうに興味があったような気がする。パンフレットを読み返しながら、鑑賞するのではなく、解説を暗記するのに時間を費やしたりした。もったいないことをしたものだ。

そして、いまごろになって、そういえば、修学旅行で金閣寺に行った。樹木の間に見える金閣がまぶしかった。あのころとは金閣寺もすっかり変わっているのだろうか。今度歩くなら、もう少し庭を楽しんでみたい、などと思ったりする。

名園と呼ばれる日本庭園は、室町から江戸時代にかけて多くつくられ、自然を模して、水と石と植栽《しょくさい》から構成されているが、その時代ごとに様式は異なり、庭のつくり手である作庭者の意思が色濃く反映されている。そうした彼らの気持ちに思いをはせ、時代を振り返りながら歩いてみると、私たちもまた、歴史のひとこまに立っていることをはっきりと意識する。

ここでは、懐かしい東京の名園、京都の名園を紹介してみたい。

各地の名所を写した東京の大名庭園、小石川後楽園

首都・東京の真ん中、ドーム球場や林立する文京区のビルの谷間にこんもりとしてある緑のオアシス。それが小石川後楽園《こいしかわこうらくえん》だ。後楽園の名の由来は、中国は宋の時代の書物『岳陽楼記《がくようろうき》』のなかの「先憂後楽」からとったもの。「士は天下の憂いに先じて憂い、天下の楽しみに後れて楽しむ」という意味である。

この後楽園は、寛永年間（一六二四—四四）、江戸でもっとも早い時期に完成した大名庭園。水戸徳川家の藩祖・頼房《よりふさ》は二代将軍秀忠《ひでただ》よりこの地を賜り、三代将軍家光《いえみつ》のアドバイスを受けながら、京都から高名な作庭家・徳大寺左兵衛《とくだいじさへえ》を招いて造園に当たらせ、頼房の子・光圀《みつくに》が引き継いで完成させたという。黄門様でおなじみのあの光圀、である。

庭園の中心にある大泉水と呼ばれる池の中島に、ひときわ目を引く平たい巨石が立っているが、この石は作庭者の名にちなんで徳大寺石と名づけられ、いまでは、後楽園のシンボルとなっている。それにしても立派な石である。作庭当初は、池に直接水を落とす、大きな滝であったという。

後楽園の庭は池泉回遊式《ちせんかいゆうしき》といって、大泉水の周囲に園路を設けてあり、めぐり歩きながら景観を楽しむ。黄門様の諸国漫遊にならって、全国各地の名所の景が写されているのが特徴で、京都東福寺の通天橋《つうてんきょう》、京都嵐山の渡月橋《とげつきょう》と大堰川《おおいがわ》、京都清水寺の音羽の滝、富士山麓の白糸の滝、木曾の寝覚《ねざめ》の床《とこ》、吉野の竜田川、琵琶湖の竹生島《ちくぶじま》などが、あるものは具象的に、あるものは抽象的に配されている。この庭をめぐるだけで、各地の名庭に足を伸ばしたことになる。

これは平安時代から用いられてきた、古来から伝わる日本庭園の縮景という手法である。このほかにも、たとえば熊本の水前《すいぜん》寺成趣園《じじょうじゅえん》の富士山を縮景した築山《つきやま》などが有名だ。後楽園はさしずめ、江戸時代のテーマパークである。

しかも後楽園には、日本だけでなく、西《せい》

湖堤《こつつみ》、小廬山《しょうろざん》、円月橋《えんげつきょう》といった中国の絶景までもが写されている。これは、光圀の中国趣味が多分に影響しているのだろう。光圀は、中国・明から亡命した儒学者・朱舜《しゅしゅん》水《すい》を藩に招き師事した。前述の後楽園の名も、朱舜水が命名している。余談だが、光國は日本ではじめてラーメンを食した人物といわれており、それをご馳走したのが朱舜水と伝えられているのもおもしろい。

万葉集や古今和歌集の歌枕を表した六義園

もう一つ、東京の名園で紹介しておきたいのが六義園《りくぎえん》。後楽園と同じ文京区にあり、後楽園から六義園のある駒込《こまごめ》までは地下鉄南北線で数分の距離である。

後楽園のあとに六義園を見ると、ホッとするという人が多い。池の汀《みぎわ》はたおやかな曲線を描き、明るい芝生の上を丸い刈り込みが点在する。後楽園をややいかめしい漢字のイメージとすると、六義園はひらがなの世界。どこまでも女性的でやさしい。

それもそのはず、六義園のテーマは和歌。六義とは和歌の六種の風体《ふうてい》、すなわちスタイルのことで、それが園名の由来である。

徳川五代将軍綱吉《つなよし》の側近として大出世した柳沢吉保《やなぎさわよしやす》が構想し、七年余りの歳月を費やして完成させたのが六義園だ。吉保は古典文学、詩歌に造詣《ぞうけい》が深く、万葉集や古今和歌集に詠まれた歌枕《うたまくら》を八十八景選び、園内各所に写した。

現在ではその半分以上が失われているが、その雅《みやび》な雰囲気は失われていない。出汐湊《でしおみなと》、玉藻磯《たまもいそ》、妹背山《いもせやま》、藤代峠《ふじしろとうげ》……など、いまも残る三十数景には、名所を記した立札が立てられている。

六義園を訪れたときには、藤代峠の頂上に登ってみよう。ここからの眺めはすばらしい。池の汀のカーブの重なりがじつに優美で、かつて、背後の木立の向こうに、江戸城の天守閣も望めたはずである。

なお、六義園では毎年、春にシダレザクラ、秋にはモミジのライトアップを、開園時間を夜九時まで延長して行っている。これらの時期に訪れて、夜の庭の雅やかなイリュージョンを楽しんでみるのもいい。

京都の名園のなかでも金閣寺の庭は一級品

庭といえば京都、京都といえば庭というほど、京都は名園の宝庫である。これから

名園めぐりで、楽しみながら鑑識眼を養おう

紹介するところは、一度は訪れたことがあるであろう、「超」有名な庭ばかり。なんでいまさら、と思わないでほしい。若いころに訪れた場所も、齢を重ねてからふたたび訪れると新たな発見があり、新たな感慨が心をよぎるもの。いうなれば、大人の修学旅行だ。

京都・北区にある金閣寺（鹿苑寺《ろくおんじ》）は、室町幕府三代将軍・足利義満《あしかがよしみつ》が山荘として建立《こんりゅう》したもの。「金閣寺に庭があったのか」と思う人もいるかもしれないが、名刹《めいさつ》にはかならず名庭が備わっている。金閣が池に逆さに映っている写真を見たことがあるだろう。この池こそが庭の中心をなす。

園路を通って境内に足を踏み入れたとたん、目の前にこの広い池が開け、その向こうに突然、金閣がその姿を現わす。多くの参拝客はこの金色に輝く楼閣《ろうかく》を見たとたん、目が釘《くぎ》づけになるのではないだろうか。

金閣の存在感があまりにも大きいために、ついつい見落としがちになるが、金閣寺の庭は、数ある京都の名園のなかでも、一級品といわれる。歴史的価値も非常に高い。

池の名は鏡湖池《きょうこち》といい、アカマツを植えた大小の中島や岩島《がんとう》が浮かんでいる。金閣の正面に浮かぶ、もっとも大きい島が葦原《あしはら》島《じま》。古代、日本は「葦原の国」といわれたことから、日本国を表す島といえる。そのほかにも、千代に八千代に繁栄を祈念する鶴島と亀島、仏教の崇高な世界観を表現する九山八海石《くせんはっかいせき》などが池に配されている。これは、池全体が神仙郷《しんせんきょう》あるいは浄土を表し、金閣上層より眺めおろすように配置されている。

義満になったつもりで金色に輝く勾欄《こうらん》より、鏡湖池全体を眺めてみたいところであるが、それは残念ながら、金閣舎利殿《しゃりでん》は立ち入り禁止である。とはいえ、金閣寺を訪れたときには、前面に広がる広大な池庭に浮かぶ中島や岩島の姿を楽しみながら、ゆっくりと順路を歩き、松の木の間に見え隠れしつつ徐々に近づく金閣へ足を進めるのが、もっとも美しい金閣を眺めることができる鑑賞方法といえる。

こまやかな感性が光る銀閣寺

金閣寺と対照的に扱われる銀閣寺（慈照《じしょう》寺《じ》）は、京都・左京区にあり、室町幕府八代将軍・足利義政《あしかがよしまさ》が隠れるように住んだ地である。決して広くはないが変化に富んだ池。綿密に計算しつくされたかのような木と石の配置の妙。どこか大らかな金閣寺の庭にくらべて、この池庭はすみずみまで神経が行き届いたこまやかさを感じさせる。このこまやかな感性こそが、室町時代の東山文化の土台となっているのであろう。

金に対して、銀は銀でもこちらは「いぶし銀」だ、と思っていると、本堂と東求堂《とうぐどう》の前に広がり、ひときわ目を引く白砂の造形は、あまりにもモダンで、いぶし銀、という言葉は吹き飛んでしまう。これは向月台《こうげつだい》と銀沙灘《ぎんしゃだん》と呼ばれるもので、江戸初期に庭を改修した折に、池を埋めつくしていた白川砂をかき出して盛り上げたことにはじまるといわれる。池庭とまったく趣を異にするこの人工的な砂盛りの存在感が、かえって池庭や自然の風情を強調し、池庭の趣が、砂盛りを一種のモダンアートにまで昇華させる。

夜、背後の月待山《げったいざん》から昇った月の光が青白く降りそそぎ、向月台と銀沙灘は白銀に輝くという。銀閣寺の銀は「いぶし銀」であり「白銀《しろがね》」でもある。

枯山水の究極の姿を見る龍安寺

三方を低い油土塀《あぶらどべい》に囲まれた庭は、色彩を否定したかのようなモノトーンの世界。そこには一木一草、水一滴も存在しない。一面に敷かれた白砂の上に黙してたたずむ大小一五個の石と石……。幾数百、幾数千、天空に輝く星の数ほど存在する石の中から、いつ、だれが、どのようにして、これほどの名石を選び出し、運び入れ、白砂の舞台に配したのだろうか。

京都・右京区にあるこの龍安寺《りょうあんじ》の石庭《せきてい》ほど、多くの謎を秘めた庭はない、といわれる。作者、年代、造景の意図、すべてが永遠の謎とされている。

真っ白な和紙に墨を滴《したた》らせつつ、一気に筆を走らせ完成させた水墨画、この庭の作者にとっては、そんな心持ちで描いた瞬間芸術だったのかもしれない。

方丈《ほうじょう》から見て、左から右へ、五石、二石、三石、二石、三石と並ぶ五群の石組は、絶妙なバランスで配されている。いずれの石が一個でも、左右どちらかに数センチ動いただけでも、すべての均衡がいっぺんに崩れてしまうような緊張感さえ感じさせる。

室町時代にかたちづくられた枯山水《かれさんすい》の、究極に抽象化された姿を、この庭に見ることができる。

この石組についてはさまざまに解釈されている。中国の寓話《ぐうわ》をモチーフにした「虎の子渡し」、大海に浮かぶ島々、雲海上に突き出た高峰、あるいは「心」の字の配石、近年ではカシオペア座の配石、という説も登場している。

これらはすべて正解ともまちがいともいえない。見る人の心のままに解釈すればいい。この石と砂のごく小さな宇宙は、観賞者の心の中で自在に変化し、無限に広がっていくだろう。それこそが作者の真の意図なのかもしれない。一面に敷かれた白砂のような真っ白な心で、この庭と向きあってみよう。

なお、方丈の裏に回ると銭型の水鉢が置かれている。この水鉢は、漢字四文字のある言葉を意味しているという。「吾唯足知《われただたることをしる》」である。四角い水穴を口に見立てている。ちなみに「これで十分ということを自覚し、欲望を無限にふくらましてはならない」というお釈迦様の言葉だ。

艶やかなコケに埋め尽くされた西芳寺

別名「苔寺《こけでら》」として有名な西芳寺《さいほうじ》の庭は、その名の通り、アオゴケの緑一色の空間。池の汀《みぎわ》に沿った小径は、庭全体を埋めつくすコケの絨毯《じゅうたん》の上をうねって曲がり、覆いかぶさるモミジやシイノキなどの木々を通して、差し込む陽の光も蒼く見える。地面から、池の中から、コケがモコモコとはい上がってくるような錯覚さえ覚える。

鎌倉時代の高名な禅僧・夢窓国師《むそうこくし》が、こ

こ京都・西京区の西芳寺に入寺して、禅寺として改修したときにつくり上げた庭は、現在のものとまったく異なる姿だったといわれる。池や、そこに浮かぶ中島の形は現在とそれほど変わらないが、コケなどは生えておらず、全面に白砂が敷かれ、亭や楼閣などの建物群が並ぶ、かなり迫力のある庭園だったようだ。いまあるコケをすべてはがしたら、その下には白砂が現れる、ということである。

西芳寺は、応仁の乱の戦火によって焼失したり、度重なる洪水で泥土に没したりと、一時期まで荒廃と再建を繰り返し、江戸期には長い間、廃寺だった。現在の西芳寺は明治に入ってから修築したもので、廃寺となっていた数百年の月日がコケを育て、庭の全面を覆いつくしたのだろう。

コケは元来下等植物で、美しい花が咲くわけではなく、利用価値の低いものである。実際、「苔むす」という言葉には、打ち捨てられたもの、さびれたもの、というイメージがつきまとう。しかし、それが日本独自のわびさびの文化とあいまって、幽邃《ゆうすい》な美を誇る庭園をつくり上げた。苔寺は時間と自然、それと日本人の美意識がつくり出した芸術といえる。

なお、西芳寺を拝観するためには、前もって往復葉書で拝観日を予約しなければならない。しかも写経が義務づけられ、拝観料に相当するお布施《ふせ》も、ほかの寺院より高い。コケの保護のため、拝観者を制限している。それだけに人が少なく、静かな時間を過ごすことができる。身も心もコケの緑に溶け込ませるのに十分な静けさである。

古典の庭づくりに見る吉凶

石、水、植栽と結びつく信仰

名園を歩いてみると、鎌倉時代までの庭は、石と水と植栽《しょくさい》が基本だということがわかる。いずれも、中国の陰陽五行説《いんようごぎょうせつ》のルールに基づいた配置である。

これは古代人が、石や水や木々に神が宿ると信じていた証《あかし》といわれる。神聖な池を樹木で玉垣《たまがき》のように囲んだり、神聖な石を多くの石で取り囲んだり、池の中に中島をつくって、これは神島《しんとう》などと呼び、神を祭ったりしている。その代表が、禅の名僧・無《む》窓国師《そうこくし》による西芳寺《さいほうじ》であり、これをモデルにしたのが、金閣寺や銀閣寺の庭である。

室町時代になると、枯山水《かれさんすい》が登場し、いままでの庭づくりとはまったく趣の異なるものが登場する。その代表が龍安寺《りょうあんじ》の石庭《せきてい》である。水も植栽もなく、あるのは一五石と白砂だけである。

これが江戸に入ると、大名庭園となり、大名の趣味を反映させて、後楽園《こうらくえん》のように各地の名勝を写したり、六義園《りくぎえん》のように和歌にちなんだ景色を選んで写したりして楽しんでいる。それでも、中国の陰陽五行説《いんようごぎょうせつ》にのっとった庭づくりの掟《おきて》は受けつがれ、一家の繁栄を願った陰陽石を置いたりして、吉相《きっそう》の庭を心がけた。

いまでは、鎌倉時代や江戸時代の生活様式や生活に影響を与えた陰陽五行説は、家を新築するときでもない限り、気にしないようであり、庭に関しては、ほとんど気にならないようである。それでもときに、鬼《き》門封《もんふう》じを望む人がいる。

最近では、風水によるマンションの模様替えなどがはやっているのであるから、庭の吉相や凶相《きょうそう》、鬼門などについて、知識として、知っておいて損はない。

庭園の基本となった『作庭記』

日本には、造園をめざす庭師が一度は目を通すという最古の造園秘伝書『作庭記《さくていき》』がある。これは、平安末期に橘俊綱《たちばなのとしつな》が書き記したものとされ、当時の寝殿造りにおける作庭を、石の据え方や池泉《ちせん》、樹木などについて解説したもの。その中で、庭園の基本は自然の景色を写すこと（縮景）だと述べている。そして、当時流行していた四神《しじん》説《せつ》を重視しており、直接、方位によって吉凶を占う陰陽の記述はないものの、これは陰陽五行説に基づいた作庭である、といわれている。

なお、原文は、最近のものでは、田村剛氏の『作庭記』（相模書房　一九六四年）で読むことができるが、これは図書館で見るか、古書店でしか手に入らない。

ただ、インターネットで検索すると、大阪市立大学中谷ゼミナール　二〇〇三年度庭ゼミで取り扱った原文（金沢の谷村家所

蔵の写本　一二八九年）と口語訳を見ることができる。これは貴重な資料だ。一読してほしい。

内容はこのあとに紹介するが、ここでいう四神説（四神相応観）は、当時の都づくりや家づくり、さらに庭づくりに影響を与え、地形や方角の概念の基礎となるものであった。

四神説は、古代中国の天象で、北極星を中心とする星座から想定されたのではないか、とされている。

東方に青龍《せいりゅう》（緑の龍）、南方に朱雀《すざく》（赤い鳥の鳳凰）、西方に白虎《びゃっこ》（白い虎）、北方に玄武《げんぶ》（蛇が巻きついた亀）の四神が棲《す》み、それぞれの方角を支配するとされた。そこで、これらの神々が棲むのに適するようにと、東方に清流、南方に平野や湖沼、西方に大通り、北方に山や樹木のある地を選ぶことが、四神との相生《そうしょう》関係にかなう理想的な地とされた。

この方位の概念を持ってつくられたのが、平安京であった。

この方位や地形に関する四神説の考え方に、自然を二分する「陰と陽」、そして「木、火、土、金、水」から成り立つ天地万物の姿を現す五行が結びついて、「陰陽五行説」が、ものの見方や考え方の基礎となっていった。

時代とともに、もちろん庭の様式は変わってはいくが、この『作庭記』がさし示した庭の地形や方位の考え方は、「陰陽五行説」とともに、後世まで、大きな影響を与え続けたのである。

陰陽五行説

陰陽五行説は古くから中国にある哲学思想である。

五行というのは、自然界は木、火、土、金、水の五つの要素から成り、すべての事象は、この要素の循環によって成り立っているという考え方だ。

そして、五つの要素にはそれぞれ相性の良し悪しがあり、たがいを生かしあって運気を上昇させていく「相生」と、たがいが対立して運気を低下させる関係にある「相《そう》剋《こく》」がある。

つまり、木は燃えて火となり、灰になって土を肥やし、土は山となって金などの鉱物が生まれ、金属は分解して水を出し、水は木を潤す「相生」の関係にある。

その一方で、木は土の養分を吸い取って土がやせる、土は水を含むと泥水となり、水は火を消す、火はその熱で金属を溶かす、金属は木を切り倒すという「相剋」の関係にある。

陰陽というのは、すべての物には古い・新しい、冷たい・熱いなど、陰と陽の相反する性質があり、この陰陽によってバランスが保たれているという考え方だ。

この陰陽五行説と、空間や時間を表す十干十二支で構成される吉凶が、四神説の方角・地形と組みあわせられ、家相や庭の吉凶を占うのにしばしば用いられるようになった。

なお、十干は五行説の陽と陰（兄弟《えと》）に分かれ、甲《きのえ》・乙《きのと》・丙《ひのえ》・丁《ひのと》・戊《つちのえ》・己《つちのと》・庚《かのえ》・辛《かのと》・壬《みずのえ》・癸《みずのと》。十二支は、子・丑・寅・卯・

木は燃えて火となり、燃えたあとの灰は土となる。土は山となって金属を産出、金属は分解して水を出し、水は木を育てる

■ 相生＝木ー火ー土ー金ー水

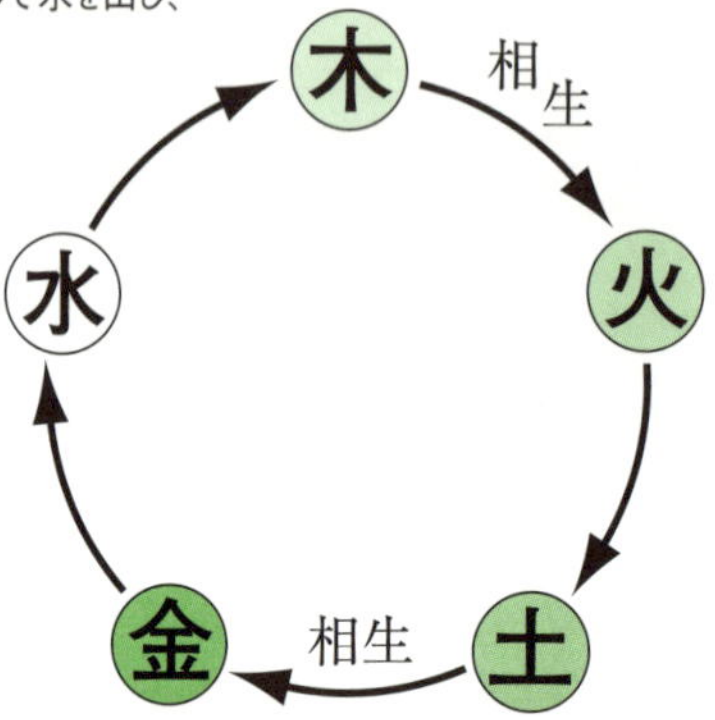

水をかければ火は消え、火の熱を加えると金属は溶け、金属の刃物や斧は木を切り倒し、木は土をおしのけて成長し、土は流れる水をせき止め、あるいは吸収してしまう

■ 相剋＝水×火×金×木×土

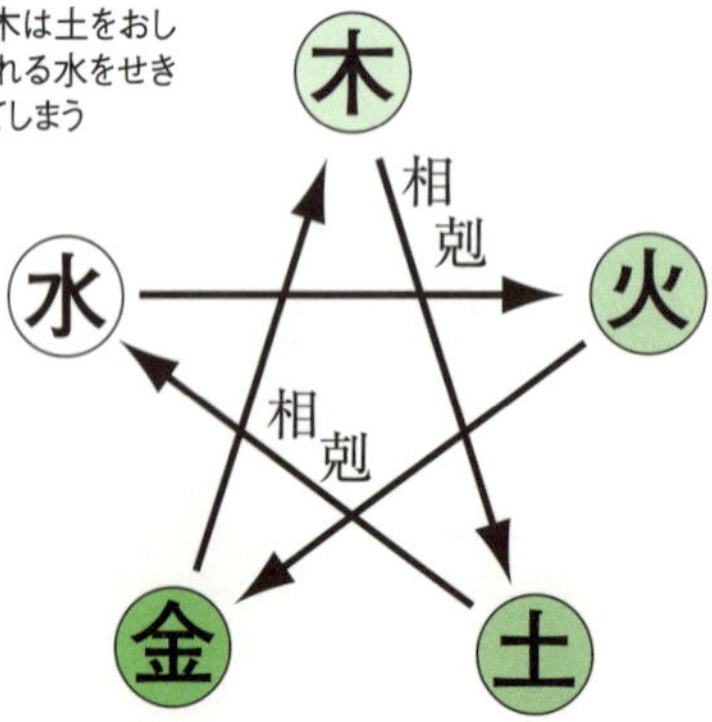

辰・巳・午・未・申・酉・戌・亥である。

南に池があると五行説では凶、四神説では吉という矛盾

庭の吉凶は、陰陽五行説と十干十二支により分類された方位盤によって占われることになる。

ところが、かならずしも整合性がない。たとえば庭の場合、陰陽五行説では、家の南方に池があると凶相、という。南方は陰陽五行説では陽で火にあたり、池の水と火が相剋の関係にあたり、南方に池をつくると、その家の人は病気になったり災難を招いたりするので、凶相というわけだ。

では、どこに池を掘ればいいかといえば、東方であり、南東である。東方に池があれば、その家からは学問や技芸にすぐれた人が輩出し、南東に池があれば、お金が集まってきて富をなすといわれる。

南東と南方はちょうど、吉凶が接していて、わずかな方位の違いである。このわずかな違いが運命を大きく左右するというのは、なんとも現実離れした不合理な考えではあるが、これはとくに、江戸時代に、広く流布したものの見方、考え方だった。

ところが、四神説は違う。南方の池や川、これは「吉相」である。日本庭園の古典ともいわれている『作庭記』では、池を朱雀といい、家の南側に池をつくるのが決まりであった。

このように、四神説と陰陽五行説では、解釈が異なることもある。こんなところにも「迷信」の二文字がチラホラ見える。し

かし、このようにものの見方を頭に入れておくと、あちこちの庭を拝見するときの知識としてはおもしろい。

　では、現在の造園ではどう考えるかといえば、南側に奥深い土地があるなら、四神説になぞらえて、南方に池をつくったほうが、冬は日の光を反射し、夏は池の上を風が渡り、気化熱を奪って涼しく、日照を考慮した場合に都合がいいという。

　ただし、狭い庭では、池などの水は家の近くにはつくるな、というのがプロの庭師の間での掟である。なぜなら、湿気が家をだめにするからである。

敵返しの垣根で鬼門封じ

北東は表鬼門、南西は裏鬼門

方位盤には、北・北東・東・南東・南・南西・西・北西の八方位、十干十二支、そして、一白《いっぱく》水星（北）・八白《はっぱく》土星（北東）・三碧《さんぺき》木星（東）・四緑《しろく》木星（東南）・九紫《きゅうし》火星（南）・二黒《じこく》土星（南西）・七赤《しちせき》金星（西）・六白《ろっぱく》金星（北西）・五黄《ごおう》土星（中央）の九星方位が示されている。易学《えきがく》の本を見ればわかるだろう。

このうち、とくに庭の吉凶《きっきょう》に関係があるのは、自分が生まれた十二支と九星方位。自分が生まれた十二支では健康運や運勢を、九星方位では結婚運や仕事運、金運などへの影響を知る。

たとえば、自分の生まれた十二支に門や車庫、不浄な添景物《てんけいぶつ》があると凶相《きょうそう》となり、庭の一部が出っ張ったり、へこんでいたりすると、九星方位に影響を与え、結婚運、仕事運、金運を左右する。

そして、八方位で、とくに大切にしなけ

ればならないのが「北」。北はものごとのはじまりを示す神聖な方位なので、火や水に関するもの、汚れなど不浄なものをおいてはならない、というのが原則である。

さらに、方位盤には「鬼門《きもん》」が記されている。一般に、鬼門というと、鬼が出入りすると信じられた場所、よくない場所、避けなければならない場所を示す。これは、秦の始皇帝の時代に広まった考えで、激しく災いをもたらすような方位として、北東を鬼門とした。万里の長城の一部は、鬼門よけにつくられたといわれる。

いまでも、北東四五度を表鬼門（男鬼門）といい、その反対の南西四五度を裏鬼門（女鬼門）とする。表鬼門と裏鬼門をつなぐ線は鬼門線といって、エネルギーの通り道として、風通しをよくしておくべきだと考えられている。

裏鬼門は汚れたエネルギーが入ってくる場所であり、表鬼門は汚れたエネルギーが抜けていく場所とされ、ここに門や車庫を設けたり、水飲み場や炉など水や火を使うもの、不浄なものをおいたりしては、運勢を低下させるとされた。

いまは狭い敷地だけに、そんなことを気にしていられないが、新たに車庫や水飲み場（壁泉《へきせん》）などをつくるときは、ちょっと方角を考えて、場所をずらしたいと思うのは人情だろう。

鬼門は敵返しの垣根で防備

庭はできるだけ広く四角いほうがよいといわれる。なかでも東西に長い、南側にさ

■ 方位と九星・四神・十干十二支・易の関係図

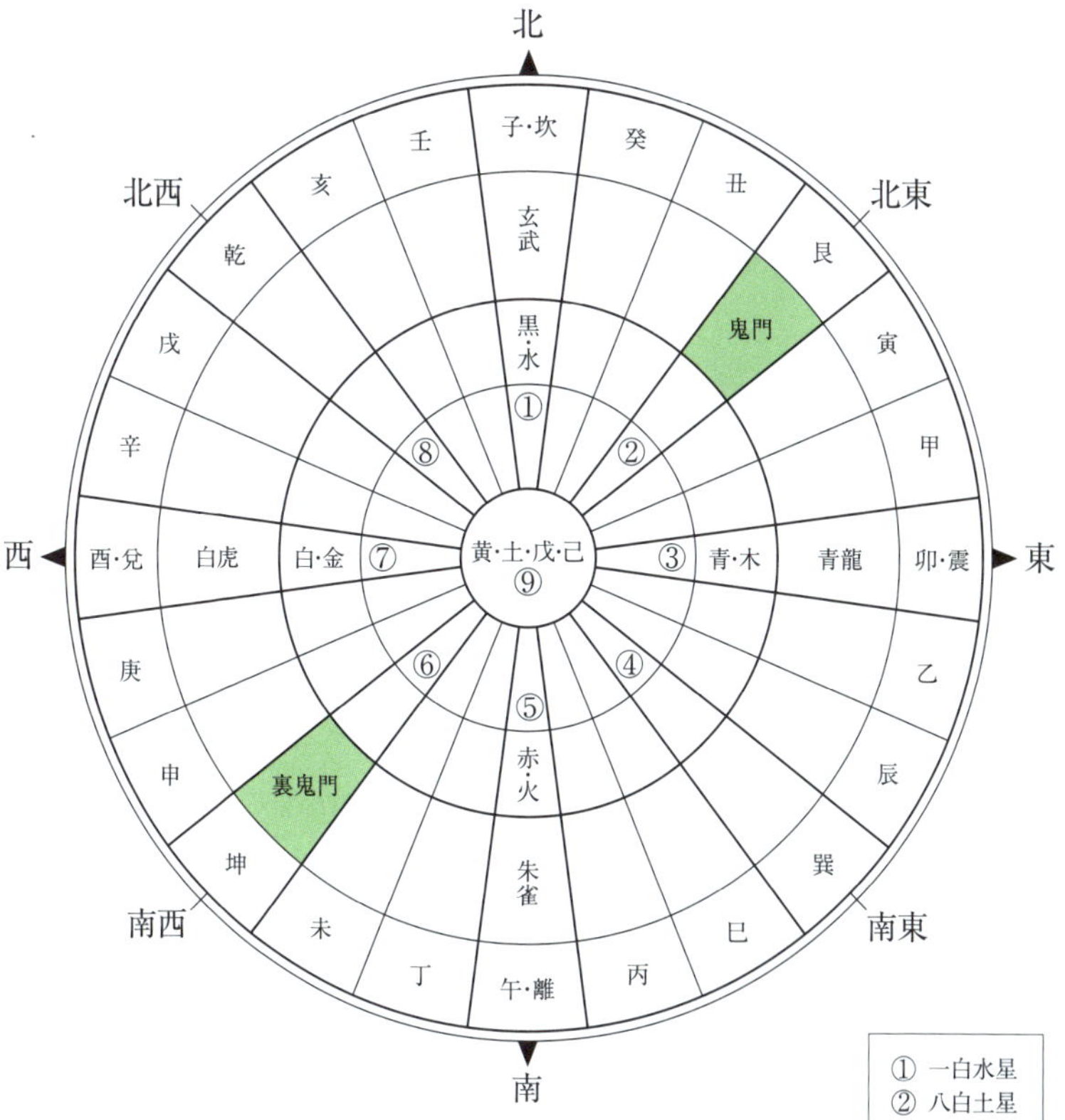

① 一白水星
② 八白土星
③ 三碧木星
④ 四緑木星
⑤ 九紫火星
⑥ 二黒土星
⑦ 七赤金星
⑧ 六白金星
⑨ 五黄土星

坎《カン》・艮《ゴン》・震《シン》・巽《ソン》・離《リ》・坤《コン》・兌《ダ》・乾《ケン》は「易《えき》」の八卦（はっか・はっけ）。各々に方位名が与えられている。

んさんと日が当たる広い庭が大吉相だ。一部が出っ張っていたり、欠けていたりすると、運勢に影響を及ぼすようになり、三角形の小さな庭は、人の神経を逆なでする凶相なので、注意する必要があるという。

とはいえ、プロの庭師の腕の見せどころは、三角形のような変形した庭にある。これをいかに安定した気持ちのよい庭にするか、庭師の腕にかかってくるのであるが……。

しかし、実際には、土地というのは真四角のものは少なく、多少張り出したり、欠けたり、変形しているのが常だ。張り出している、欠けているといっても、どういう場合をいうのかはっきりしないが、家相や地相では、一般に、欠けているほうが少ない場合を「張り」、欠けているほうが多い場合を「欠け」という。

そして、どちらかといえば、「張り」の場合は吉相だが、「欠け」の場合は凶相という。ところが、表鬼門や裏鬼門に当たる場所では、「張り」も「欠け」も、ともに凶相になるのだそうだ。

凶相などといわれると、縁起でもない、と思うが、だからといって、簡単に住み替えるわけにはいかない。こういう場合はどうしたらいいだろう。

昔の庭師は、鬼門の突き当たりに、ついたてのような小さな垣根、高さ三〇〜四〇センチ、長さ二〜三メートル程度のものだが、これをつくり、「敵返し《てきかえ》（鬼門返し）」と称して、入ってくる魔を防いだ。

この敵返しは、そのほか、南に池をつくった場合に、池の際《きわ》に設けたりした。また、三角形の庭なら、「敵返し」で出っ張り部分

敵（鬼門）返しで悪い気をシャットアウト

の線引きをして、出っ張り部分に樹木を植えたり、畑をつくったりして、いわゆる「庭を四角く取る」工夫をする。

いまは、たいていのことは吉凶を気にしないが、鬼門に関しては、お客様も知っていることもあり、庭師もそっと配慮する。

まあ、前にも述べたが、庭師にとっては、凶相といわれる変形した土地、小さな土地ほど、創意工夫が楽しめる、やりがいのある庭だといえる。

土地の高低にも吉凶がある

土地は形ばかりではない。高低も、吉凶に大きな影響を与える。

背後にゆったりとした山があり、それが北山で、南側は斜面で開けている庭なら最高の吉相。京都の名園・名庭にはよく見かけるが、日もよく当たり、心地いい風が通り抜けていくだろう。ついで、地面が乾燥していて、排水がよく、樹木が生い茂るような庭も吉相である。

これに対して、西側に池があったり、湿地帯や窪地《くぼち》だったり、背後に切り立った険しい山があったり、崖《がけ》が覆いかぶさるようだったり、三方を道路にはさまれていたりする庭は、やはり条件としてはあまりよくない。

窪地は大気がよどみがちだし、湿地帯はじめじめし、切り立った崖は土砂崩れの心配があり、切り立った山は神経をイライラさせるからだ。道路に囲まれた庭は、排気ガスや騒音に悩むことにもなり、無用心でもある。

これなども、当たり前といえば当たり前の庭の立地条件ではある。しかし、条件の悪い立地でも、プロに相談すれば、上手に排水し、整地することができる。

庭の景観にも吉凶がある

自然の景観のいいところだけを取り入れる

庭づくりは、舞台づくりに似ている。自分の思い描く庭をもとに、盛り土したり、石積みしたり、木などで区分けして、大まかな枠組をつくることが第一だ。ついで、その舞台に合った木を植え、毎日自分で手入れができる花壇を設け、添景物《てんけいぶつ》などを設置して、徐々に築いていく。

最近では、いかにも整然とした庭よりも、自然の庭が好まれる。ハーブやバラ、宿根《しゅっこん》草《そう》が咲き乱れるイングリッシュガーデンを、さらに日本の山野風にアレンジした、和風ナチュラルガーデンが好まれる傾向にある。しかし、自然の庭は、荒廃した庭と紙一重。作為を感じさせないが、じつは入念に手入れした庭でなければならない。

庭づくりに関しては、荒廃した景色を避けよ、と『作庭記』にある。

「名所を学ばんに、其名を得たらん里荒

廃したらんは其所を学ぶべからず。荒れたる所を家の前にうつしととめむこと憚《はばかり》あるべき故なり」

というわけだ。

荒廃した庭を毎日見ていれば、私たちの心も荒廃してくる。庭の風景はそれほどまでに、つくる側の心を反映し、見る側の心に影響を与えるというわけだ。

では、自然をどのように庭に取り入れたらいいか、それには、「荒磯、山岳など自然の景観はいいところだけをまねよ」という。

各地を旅行して、荒磯や山岳を前にじっと風景を見つめ、その気持ちのよい空気や雰囲気を感じ取り、心が癒《いや》される部分だけを自分の庭に取り入れるといい、と。その通りであろう。そのためにも名園、名庭回りをすすめたい。

借景を見え隠れさせよ

庭づくりには自然の景色を取り入れると同時に、『作庭記』では、借景《しゃっけい》もすすめている。借景というのは、庭の外、たとえば隣の庭の樹木や風景などを取り入れた庭づくりのことである。もっとも、よくよく読むと、『作庭記』では、旅先で見た景色の一部を、自分の庭に取り入れることも借景としている。

そして、この場合の注意として、全面借景を取り入れるのではなく、わが庭の築山《つきやま》や池の島の合間に、見え隠れするように取り入れるのが、奥行きのある幽玄なる庭をつくり出す手法であるという。

つまり、「山のちぎれたる隙よりわずかに

海をみすべき也」である。

実際、わが家の庭づくりをするときには、どうしても敷地が狭いので、隣家の庭や樹木、場合によっては壁を借景として生かすことになる。

境目が背の高い樹木であったり、四季を楽しませてくれる花木《かぼく》であったりすれば、こんなうれしいことはない。隣に二本のヒメシャラがあれば、こちらには一本のヒメシャラを植え、隣の木とで不等辺三角形をつくり、木の構図を決めていくことも可能だ。垣根を低くしてでも、借景として取り入れたいものである。

しかし、多くの場合、都会では、隣との境界線が隣の建造物の壁になることが多い。白い壁なら、この白さを生かして、落葉樹などの樹木を植えれば、樹木の陰がより雰囲気を盛り上げ、庭を明るくしてくれる。

だが、ひび割れた壁や、色あせた壁だと、借景しようにも、庭が薄暗く感じられる。この場合はせめて、目に入る仕切りの壁だけでも白く塗るか、白いトレリス（格子状の仕切り板）を利用してカバーするといい。そのうえで、背の高い樹木、緑のきれいな常緑樹で覆い隠すことになる。

また、隣の家のトイレや風呂場、台所がわが家の庭に接していることが多いが、これは庭の吉凶《きっきょう》からいえば、あまり好ましくない。この場合は、それらが隠れるような樹木で覆い、自分の目に映らないようにすればいい。

また、目隠しのために木を植えるとき、気をつけないといけないのは、木と木が上下に重なると、「祟《たたり》」の字に似た形になる。

昔の人は、これを凶相《きょうそう》といって嫌った。

とくに小さな庭の場合、高さの異なる木を数本植えるとして、敷地の狭さから垂直に、上下に重なりがちである。ちょっと木の位置をずらして、不等辺三角形をつくるようにして重ねていくことを心がけよう。するると、樹木の枝先に動きが生まれ、庭に趣が出る。

石は、あるがままに据える

寝ていた石は伏せ、立っていた石は立てる

石は、山や島、流れなどを表す素材として、庭にはなくてはならないものだ。石のあしらいによって、庭は勢いが出たり、勢いを殺《そ》がれたり、上品にも下品にもなる。では、どのように、石をあしらったらよいのだろう。

石の据え方の基本は、「寝ていた石は伏せ、立っていた石は立てる。平らな石は伏せて据える」である。というのも、「もと立たる石を伏し、もと臥したる石を立たる也。其石必ず霊石となりて祟りを成す」と『作庭《さくてい》記《き》』にあるからだ。その石が、もともと産地にあったように据えることをよしとした。

最近は野菜を冷蔵庫に保存するときでも、その野菜がはえていたように立てて保存せよ、という。そのほうが、野菜をみずみずしく長持ちさせることができるからだ。石でも生命があると思えば、採取した産地にあったように置くのが自然だろう。

でも、実際には、寝ていた石を立て、立っていた石を伏せたほうが安定し、庭のアクセントとしておもしろいこともある。まして、石組、石積みなどつくるときには、あっ

たように置こうとすると、思うようにいかないこともある。この辺は思案のしどころだ。

しかし、石に関しては、何回か置き直してみると、気を衒《てら》った置き方よりも、『作庭記』のいうように、「掘り出したときのように置く」と自然で安定して、飽きない姿になる。これは経験上、まちがいない。

丈の高い石を家の縁近くに据えるな

石を配置する場所に関しては、第一に、石を家近くに置かないことが大切という。

しかも、軒よりも高く据えると、家の中が石の陰になって陰気な感じがする。マイナスの気が流れ、家主はその家に落ち着くことができず、悪いことが絶えず起こるという。

まあ、これは現在にも通用するというか、納得のいくいましめである。

狭い敷地の家の、縁いっぱいに丈の高い石を入れてみれば、石の圧迫感に押しつぶされそうな気分になり、第一危ない。地震が起きればすぐに倒れるだろう。

しかも、心理的にも、世間との心の交流を一方的に断ち切ったような感じがする。

ここの家主は、家の中をのぞかれるのがいやで高い石を据えているのか、隣近所が家の中をのぞくような人間と思っているのだろうか、と、いつの間にか、感じの悪い印象を近隣の住人に与えてしまうかもしれない。

では、背の高い石はどこに据えたらいいだろう。家同士が接している場合には、敷地の境界に背の高い石を置くのは、お隣さんとの関係を悪くする場合もある。石に圧迫され、先方にとって陰気な感じが漂う。

家の近くに石を置くのは凶

では、どこに石を置くのがいいのだろう。
石の据え方でとくに問題になるのが、方角だ。大きな石を北や西に据えるのはタブーとされた。いまでも、庭をつくるときには、このことを守っている庭師は少なくない。
北枕、西枕というように、北や西、これは亡くなった人が横臥《おうが》する位置である。北は神聖な場所であり、西は極楽浄土を示す。とはいえ、死を連想させるし、ここに陰の気を漂わせる大きな石を据えると、ますます陰気なムードが漂う。北や西は気が自由に流れるように風通しをよくしておいたほうがいい。
また、五行説《ごぎょうせつ》によれば、「南西を高い石や樹木で塞《ふさ》ぐな」という。南西は裏鬼門《うらきもん》にあたり、ここに石を据えると、家族が絶えず病気に見舞われるという。南西はすっきり開けて、木の枝葉を整理して風通しをよくし、たっぷり日差しを取り入れて、健康的に過ごすべきだという。

そのかわり、家の背後の北西に、低い大きな安定感のある石を横に据える。縦に据えると福が両側から逃げてしまう。北西を石でがっちりと塞げば、背後をしっかり守られているようで気持ちも安定し、気分は最高、大吉である。

方角の色と合った石を据えれば大吉

石には色がある。黒っぽい石、黄色っぽい石、赤っぽい石、白っぽい石、青っぽい石……。この石の色を意識すると、方角に合わない色の石は不吉となる。

色にも方角が関係するのかと思われるだろうが、中国の四神説《しじんせつ》によれば、北は玄武《げんぶ》という動物の神が棲《す》む方角で黒、東は青龍《せいりゅう》の神が棲む方角で青（緑）、南は朱雀《すざく》の神が棲む方角で赤、西は白虎《びゃっこ》の神が棲む方角で白、そして中央は黄色という（77頁参照）。

この方角に合った色を使用すれば大吉で、反対方向の色を使用すれば不吉なことが生じるという。たとえば、北に赤、南に黒、東に白、西に青はタブーとなる。

縁起をかつぐ人の中には、石の色味を考えて据える人もないわけではない。それもものごとの楽しみ方の一つかもしれない。

実際、石は「石色」と思っていたら大違いで、石にはいろいろな色がある。日本の庭に使用する景石《けいせき》（風致を添えるために置く石）について、その色をあげてみると次のようになる。

【花崗岩】
真壁御影石（茨城）白系、野面は鉄錆色
木曾石（岐阜）黒褐色系
美濃石（岐阜）錆色
生駒石（奈良）白系、野面は黒系
【チャート】
赤玉石（佐渡）朱
【石灰岩】
紫雲石（大分）紫色
【閃緑岩】
筑波石（茨城）黒褐色系
鞍馬石（京都）褐色系
【安山岩】
男鹿石（秋田）灰色系、野面は灰褐色
鳥海石（山形）灰褐色
佐久石（長野）乳白色
【結晶片岩】
みかほ石（群馬）青緑色系
伊予青石（愛媛）青緑色系

三尊石は正面をはずして人の緊張を解け

日本の庭では、石の据え方には、二つのタイプがある。一つは「捨て石手法」といって、池や川にぽんと石を投げ込んで、この石が島を表す、というような手法である。これは、自然石をそのまま使用して、日本のなだらかな自然の風景を表す方法で、京都御所や平安神宮など、自然の趣を生かした庭園に用いられている。もう一つが、三《さん》尊石《ぞんせき》に代表されるような「立て石手法」である。枯山水《かれさんすい》に見るような、険しい山岳を表現する、力強い石の用い方だ。

この立て石手法の中心になるのが三尊石。大きな石に、小さな二つの脇石を組みあわせて据えたもので、大岩に化したといわれる阿弥陀三尊の姿を表したもの、という。名園をめぐるときに、どういう石の据え方をしているのか、確かめてみるとおもしろい。

なお、この三尊石を庭にしつらえるとき、阿弥陀三尊に畏敬《いけい》の念を抱くあまり、中央に据える傾向があるという。しかし、中央、または真正面にデンとありがたい石があると、それを眺める人間は、いつもそこで手を合わせて恐縮する。心を休ませることができない。

庭は、毎日眺め、心を慰《なぐさ》める場である。したがって、このような石は、中央から少しはずして据えるのが奥ゆかしくてよいと、『作庭記』ではいましめる。たしかにそうだ。庭づくりは、庭を毎日眺める人の心についても考えなければならない。

では、どの地点に据えればいいのか。

『作庭記』では「すこし余方へ向うべし」というが、いまなら具体的には、黄金分割を考えてみたらどうだろう。美学的に見て、もっともすばらしい位置、フォーカルポイントといわれる位置である。庭の縦、横をそれぞれ一・六一八対一の割合で分割した、その交わる地点あたりに据えると、三尊石のすばらしさがより際立《きわだ》つ（136頁参照）。これは三尊石だけでなく、木でも灯籠《とうろう》でも、注目してほしいと思うときは、黄金分割の中心点を考えればいい。

方位に注意した池・川づくり

池を鶴亀の形に掘ると吉

庭に水の流れがあると動きが生まれる。多くの名園・名庭には池や川がある。しかも、池を鶴や亀の形にしたり、池の中に鶴島、亀島などを設けたりしている。鶴亀とはおめでたいに違いないが、これにはこんな理由がある。

前にも述べたが、南側に池をつくるのは五行説《ごぎょうせつ》では凶《きょう》である。四神説《しじんせつ》では吉《きち》であった。どちらにしても迷信ではあるが、とはいえ、凶、とあからさまにいわれると、南側につくるのは気がひける。そこで、敵返《てきかえ》しの小垣を設けて魔よけとして、南側に池をつくるのをかつては常とした。そして、この池をさらに縁起のよいものにするために、池の形を鶴亀にしたのである。

めでたい形の水面や池の中の島を眺めていると、いつもめでたい気分でいられるからだ。ただし、池はなるべく浅くして、大きな魚などが棲《す》まないようにしたほうがよい、という。そのかわりに、水鳥が常にやってくるような庭にすれば、庭の主は平和に暮らせると、『作庭記《さくていき》』では述べている。

現在では、一般家庭で池のある庭など、とんとお目にかからない。まして、水鳥が飛んできたりすれば、さえずるだけでも騒音といわれ、近所から文句が出るご時世だ。よほど広大な庭でないと無理だ。

ただ、子どもが小さいときに、庭の一部に砂場をつくり、それが残っているようなら、これを小さな池に変えるのは案外らくだ。防水シートで防水して、池に水草とメダカを放って、池の縁にセキショウ、トクサなどの下草や、湿気を好むアイリスなどの草花を植えてみる。

さらに、小さなつくばいなどを設けたり、実際には水は流れないが、枯山水《かれさんすい》風に、流れを意識した池を庭に取り入れたりしてもいい。大雨のときだけ枯山水に水が流れるというのも、雨降りの楽しみが味わえていいかもしれない。

なお、いい伝えでは、「池の水門は南西へ」といって、裏鬼門《うらきもん》に向けて排水すべきとした。まちがっても、北西に水門をつけてはいけない。北西は寿福を保つところだからだ。水門（排水口）を南西につけると、この水門からすべての病を、災いを流してしまえということである。北西に水門をつけると、幸せも外に流してしまうことになる。北西は背後をしっかりと固めて、福を逃さないようにすべきなのだ。

川をめぐらすなら、流れは東から南、そして西に

庭に川をめぐらせるなど、いまでは夢のまた夢であるが、たしかに、水の流れがある庭は、風情があってなかなかのものだ。水の流れは樹木や和花を引き立て、庭に清涼感を生む。この川の流れに関しても吉凶《きっきょう》説はある。

川をめぐらせるなら、東から出て南をくだり、西へと流れ去るのが福を招く。こうすればたしかに、水の流れは遠く、家の中に湿気がこもらない。ただし、東を高く、西を低くしないと水は流れてくれない。

それにしても、この水の流れの考えは、庭づくりでは大切なことかもしれない。雨が降ったときなど、建物に湿気がこもらないように、あるいは降雨のあと、水たまりができないように、庭にはかすかな傾斜(排水勾配《こうばい》)をつけて、水を逃す排水を考える必要があるからである。

緑を植えれば、凶相の土地も救われる

土いじりは土用を除いた雨後に限る

定年前後から、庭を整備し直し、植物を育て、畑を楽しんでいるうちにだんだんはまって、庭いじりがこんなに楽しいものとは知らなかった、という人が少なくない。

土いじりをするなら、雨後のタケノコではないが、雨後に限る。土が軟らかくなって、タケノコが芽を出して伸びやすいように、土を掘ったり、整地したり、庭づくりをするのに最適である。

ただし、土用《どよう》の土いじりは避けたほうがいいと、昔からいう。土用とは、ご存知のように、陰陽五行説《いんようごぎょうせつ》により、春（木）、夏（火）、秋（金）、冬（水）と当てはめ、これらの季節の変わり目を土としたことから、季節の変わり目である立春・立夏・立秋・立冬の前の各一八日間を土用と呼ぶ。

なかでも、立秋までの夏の土用の土いじりは厳禁だ。この時期、土中では汚れた土

■ 方位と五行・十二支・季節の関係図

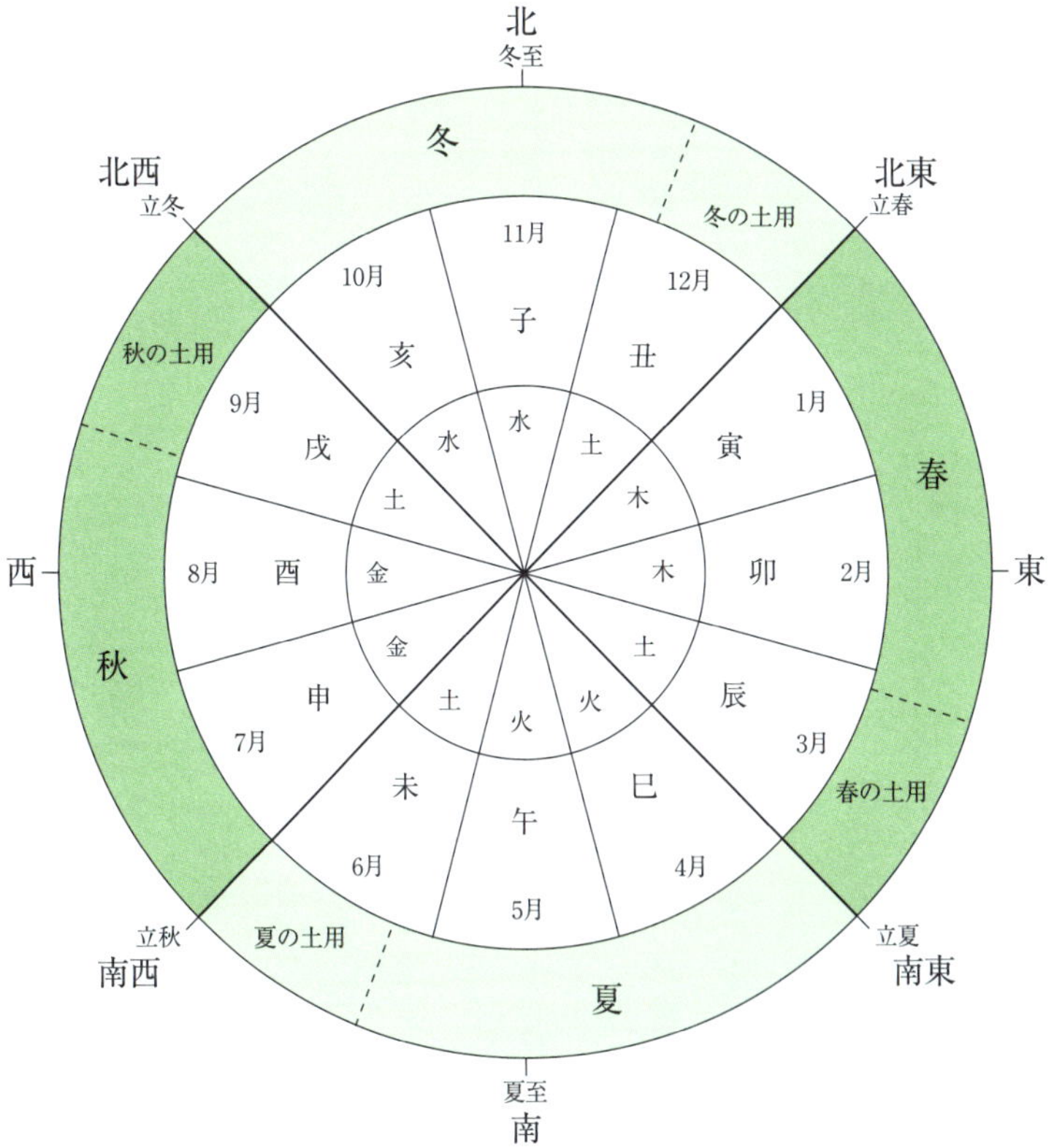

*月は旧暦を示す

壊が老廃物や有害物質を排除しようとしていて、土いじりをすると、土が浄化されず、有害ガスなどが掘り起こされて空中に漂うことになるという。

　実際、かんかん照りの時期で、土はからからに乾いており、土いじりをして植物を植えても、根づかないだろう。樹木を移植しても、水分が蒸発して育たないだろう。暑さにまいり、苦労しながら土いじりをしても、益は少ないというわけだ。

　では、いつごろが適当かといえば、植木市が立つ日が土いじりの時期といわれた。春先と秋口、この時期が、苗木を植え、植木を移植するのに都合がいい。土壌や、大気の温度に湿度などの条件がそろっている。それも雨後のうす曇りなら最適だ。

方位にあった樹木

『作庭記《さくていき》』では、建物の四方には樹木を植えることをすすめている。四神説《ししんせつ》にのっとって「青龍《せいりゅう》の棲《す》む東には、清流がなければヤナギ九本を植え、朱雀《すざく》の棲む南には、池がなければカツラ九本を、白虎《びゃっこ》の棲む西には、大道なければキササゲ七本を、玄武《げんぶ》の棲む北に丘がなければ、ヒノキ三本を植えるといい」という。この原則を守るなら、それ以外の場所はなにを植えてもかまわない、ともいっている。

　ヤナギは川端によく植えられるので、清流の代わりとしているのだろうか。カツラやキササゲは落葉樹で、夏は日陰をつくり、冬は日当たりを生むから都合がいいが、それがなぜ、池や大道の代わりとされるのかは、はっきりしない。ヒノキは常緑で、背後を丘のようにしっかり守ってくれるので、北に植えるのは吉というのだろうか。実際、「北にはがっちりした木を植えよ」ともいうので、推測はできるが、はっきりしない。

そのほか、「東に花の木、西にモミジ」をすすめるのも、道理にかなってはいる。

花木《かぼく》は朝方にいちばん美しい姿を見せてくれる。夕日に照らされるモミジも、「秋の夕日に照る山モミジ」と、童謡に歌われるほど、より赤々と燃え、絵になる光景であるからだ。

門の中心に木を植えると閑という字に

門の中央や、敷地の真ん中に木を植えるのはタブーだ。どんなに大きなお屋敷で、大きな門扉でも、真ん中に樹木が植えられたら邪魔で仕方がない。『作庭記』では、「門の中心に木を植えると、閑という字になるから凶相《きょうそう》」としている。

また、どんなに立派な主木《しゅぼく》でも、敷地の真ん中に植えられては、日本人の美意識に反する。主張しすぎて、奥ゆかしさが足りないのである。庭が緊張を強いるともいわれる。「敷地の真ん中に木を植えると、困るという字になるから凶相」として、『作庭記』ではいましめている。謙虚さとか奥ゆかしさとか、日本の庭づくりの情緒の大切さを訴えているのだろう。

いまでも、風水などでは、門の周辺に多くの草花を置いて、門扉が見えなくなるのはよろしくないという。庭師の間でも、「玄関前に落葉樹を植えると気が変わる」という。落葉樹は、葉の色を緑から黄、赤、茶へと変え、枯れ葉として風に舞い、風情はあるが、しょせんは雑木《ぞうもく》である。したがって、その家の顔である玄関前には、マツ、マキなどの常緑樹を植えるべきという考えがある。

もっともいまは、軽快感を演出するために、雑木を植えることもある。フェンスにマツなどの常緑樹は合わない。合うのは落葉樹である。

松竹梅で運を開く

松竹梅は福を招く

庭が凶相《きょうそう》のときには、「敵返し《てきかえし》」の小垣を設けて魔よけにしたり、木を植えて、背後から守ってもらったり、不幸が早く流れるように、鬼門《きもん》の風通しをよくしておけばいい。でも、庭に、もっと福を呼び込みたい場合、よい方法はないものだろうか。

その一つは、縁起のよい木、松竹梅を植えることだという。

なかでもマツは、庭木としてもっとも早く庭に取り入れられ、「白砂青松《はくしゃせいしょう》」という言葉に代表されるように、主木《しゅぼく》として、日本の自然の風景を象徴する樹木だ。「マツ（松）」と「待つ」という語呂あわせから、神が天から降りるのを待つ木であり、常緑の針葉樹であることから、長寿を意味する縁起のよい木として用いられてきた。実際、三〇〇年くらいの寿命がある。一般の庭木が二〇〜三〇年であるから、それにくらべると明らかに長寿だ。

正月の門松は、マツのめでたさの意味を具体化したもの。もっとも、昔はマツでなくても、サカキでも、ナラでも、ツバキでも、常緑ならなんでもよかったといわれる。

さらに、このマツのほかに、鎌倉時代になると、タケやウメも飾られるようになった。

タケは、茶《ちゃ》の湯が盛んになるにつれ、茶庭《にわ》に植栽《しょくさい》されるようになったが、寿命は五年くらいで短い。しかし、生長は早く、青青と、まっすぐに伸びることから縁起がよいとされ、また、青々とした竹竿《ちくかん》があめ色に変化して、あっという間に朽ちて土と化す、その潔さが、日本人の美意識に合っていたともいわれる。

ウメは、上品な香りを漂わせながら、春に先がけて咲く姿が福のしるしとされ、平安時代以前には、花といえばウメのことで、花の代表であった。いまでも庭をつくると、サクラかウメを植えたいという人は多い。

マツにウメ、タケの寄せ植えで蓬莱になる

いまでも、中国の伝説に出てくる不老不死の地、蓬莱山《ほうらいさん》の画を、正月をはじめとする祝祭日などに床の間に飾る家は多い。この画に出てくるのが、マツ、タケ、ウメの歳寒《さんかん》の三友《さんゆう》である。

祝宴の席には、マツを主木として少し高めに植え、ついでウメを添え、そのまわりをクマザサなどで覆った盆景《ぼんけい》を置いたり、盛り花風に生けたりすることもある。これを庭に応用すれば、福を招く庭となる。

黄金分割のもとに、マツを日当たりのよいところに盛り土をして植えて主木とし、

これにウメを添木《そえぎ》とし、クマザサを根締《ねじ》めにして、蓬萊が完成する。

主木となるマツは、かつては海岸に自生した、オトコマツともいわれる剛健なクロマツが理想だが、なければ葉の短い園芸品種であるゴヨウマツでもいい。マツの代わりに同じ常緑のマキを使用してもいい。これは萌芽力も強く、マツと同じように和風の庭では主木となる。仕立て物としてもいい。

タケは、すらりと背が高い、灯籠《とうろう》まわりなどに植えられるナリヒラダケや、葉が密生するホウライダケを列植《れっしょく》して敷地を囲み、手前にマツやウメを配色し、石を置いて蓬萊を表すこともできる。

もし、ウメを主体にしたければ、ウメを奇数本植えて梅林とし、これをバックに、ゴヨウマツを植えるのもおもしろい。

マツやタケなんて古臭いという人もいるが、正月の花としては、マツはまだまだ主流であるし、タケは「愛・地球博」以来、ふたたび見直され、インテリア小物などにも盛んに使用されている。

マツを役木として使う

マツをもう一度庭に取り入れてみたい、再評価したいというなら、マツと石を組ませてみてはどうだろう。門冠《もんかぶ》りのマツのように、マツを役木《やくぎ》として使うのである。このとき、横に置く石の上面が真っ平らな棚状になっていると、これを神仏影向《しんぶつようごう》の石という。吉相《きっそう》のありがたい石となる。マツをこの石の役木にすれば、それだけで、庭には物語が生まれ、吉相となるのではないか。

あるいは、ゴヨウマツの根元に、亀の形をした平たい大亀、小亀の石を置くのもおめでたい。大きな石ならその根元にゴヨウマツでもいいだろう。ゴヨウマツは最初、盆栽《ぼんさい》用の品種だったので、必要に応じていろいろな高さの、さまざまな姿をしたものがある。生長が遅く、刈り込んでも樹形がまとまりやすいので、利用するといい。手入れもむずかしくない。

現代に生きるいい伝え

女の子が誕生したらキリの木を植えよ

現代では、『作庭記《さくていき》』のように庭の吉凶《きっきょう》を考えることはまれだ。

陰陽道《おんようどう》のように、ものの見方・考え方が芝居やテレビドラマ、雑誌などで取り上げられることがあったにしても、これが日常に生かされることは、ほとんどない。

陰陽道が盛んだった平安時代や、ふたたび盛んになる江戸時代と違って、住居や庭の敷地は限られ、いちいち方位を気にしていたのでは、生活が成り立たないからだ。迷信だということは、その当時だって、だれもが頭の片隅に入れていたはずだ。それでもちょっとこだわってやろう、という、一種の遊びだったに違いない。いまでも、その傾向は見られる。

しかし、庭や植栽《しょくさい》に関するいい伝えには、悪くないものもある。

たとえば、「女の子が誕生したらキリを植えよ」。このキリが生長するころには、お嫁に行く娘にキリのたんすをつくってやろうという親の、子を思う気持ちである。実際にその程度のキリでたんすがつくれるかどうかは疑問であるが……。小学校入学や卒業時の植樹など、記念樹の習慣は案外実行している人が多い。それと同じことだ。

　仕事仲間から聞いたことだが、ある若いお客さんは、玄関前の大きく生長したキリを、落ち葉の掃除が大変なので切りたいと考えた。夏は涼しいが、管理が大変だ。なんでこんな場所に親はキリを植えたのだろうと、不満もあった。しかし、このことわざを知り、この木で嫁入りだんすを、という親の熱い思いに接したとき、また、娘が生まれた喜びを、この木に託してくれた親の気持ちを思ったときに、キリの大木を切るまいと決意した。残念ながら、キャリアウーマンを貫いてお嫁には行かず、すでに親もこの世を去ってしまったが、キリを見るたびに親を思い、なんで自分一人を置いて親はさっさとあの世の旅に出たのか、という恨みも、ずいぶん和らいだという。

いまでも鬼門封じに エンジュ、ヒイラギ、カシワ

節分の恵方《えほう》巻《ま》き、などという関西の習慣が、コンビニエンスストアを中心にはやっているのを見ると、案外、いまの人も縁起をかつぐのではないかと思う。

　もっとも昔は、節分に、ヒイラギにイワシの頭を刺して戸口に飾り、厄《やく》よけにしたが、これが恵方巻きに変わったのであろう。たしかに、軽く縁起をかつぐ傾向は見られ、いまでも、ときに鬼門《きもん》を気にする人がいる。

　昔は、鬼門封《ふう》じに「敵返《てきかえ》しの垣」(79頁参照)を設けたが、いまは、垣根を設けるほどの敷地がない。そんな場合は、縁起のよい木、厄よけになる木、エンジュやヒイラ

ギ、カシワを植えることを提案する。いずれも魔よけの木だ。

エンジュは、根がついていなくてもやがて根を出しはえてくることから、また、枯れても枯れても復活することから、中国では出世の木、不老長寿の木といわれ、しばしば中庭に植えられたという。

ヒイラギは、葉にとげがあり、このとげにより、魔よけの木といわれる。

カシワは、食べ物を包んだり、その昔、食器代わりに食べ物をのせたりして利用したように、神様に食物をささげるときに使用する、縁起のいい葉である。葉が枯れても、なかなか枝から枯れ落ちないこともあり、大きな葉を広げて、鬼門を封じてくれるのも頼もしいというので、鬼門封じにしばしば利用される。

もし、鬼門、裏鬼門が気になるときは、このような木を植えるのも一方法だ。

水は流れなければ凶となる

日本の庭には、水と石と樹木が定番であるが、水は、いまの小さな庭にはあまり縁がない。もっとも、水のある風景は、夏は水を渡る風が涼しく、日の光を返す水面がきらきらと輝いてさわやかな印象がある。

ただし、近ごろは池や小さな川というのではなく、プールのような水を好む。庭にプールがある家にあこがれる人は少なくない。

しかし、都会の屋上庭園にプールを設けたところ、やけに多いカラスの水飲み場となり、ある朝、プールの表面が真っ黒なカラスに占められ、がく然としたという話がある。しかも、水は流れなければ、ボウフラなどがわいて、決して清潔ではない。庭の前面に池やプールを設ければ、見栄えはよいが湿気が部屋の中に立ち込める。

そういう意味で、昔から、南に池を設けるのは凶とされ、水は東から西に流れなければ凶とされたのは、正しい理屈でもある。さらに、「くの字の家の池はよろしくない」という教えも理に適っている。池からあがる湿気の逃げ場がなくなるからだ。

流れがほしければ、水のない、枯山水風《かれさんすい》にデザインしてみればいいかもしれない。

現代の鬼門はマンホールにエアコン室外機、物干し

リガーデンをするときに、いちばん問題になるのは、下水のマンホールやエアコンの室外機、物干しだ。

マンホールのエリアは空けておかなければならないし、エアコン室外機も、噴出し口からの排気の風によって植物がダメージを受ける。さらには庭の風情を壊す。物干しなどは見栄えもよくない。しかも、小さな庭の場合には、庭の重要な地点にマンホールがあったりする。

また、マンションのベランダも、いまは庭と同じような扱いでリガーデンが楽しめるが、そのときに庭づくりを妨害するのが排水口や避難通路、非常用梯子《はしご》、エアコンの室外機である。

まさに、現代では、マンホールに排水口、エアコンの室外機、物干しこそが鬼門である。

こういう場合は、敵返しの垣ではないが、

現代の鬼門、
「エアコン室外機・物干し・マンホール」

マンホールまわりを低めのフェンスで囲って、その周囲に灌木（低木）を植えたり、移動させやすいステップストーン（踏石《ふみいし》）を置いたり、台車をつけた大きなコンテナを置いたりしてみるといい。排水口には、土などが入らないように、石やレンガなどで囲ってカバーするといいだろう。

エアコンの室外機には、やはりラティス（格子状の仕切り板）だ。三方をラティスで囲んで、その上部にハンギングポットやハンギングバスケットを吊るして、花飾りを楽しむ。物干しなども、必要なときだけ取り出せばいい折りたたみ式の物干しや、ラティスなどで周囲を取り囲んだ、見栄えのいい物干しも登場している。和風の庭では、ラティスを細いタケでつくると風情がある。ガーデン用の小物としては、鬼門封じの鬼のマスコットや彫像などもある。考えてみれば、鬼門の処理の仕方は、いまも昔も大して変わらない。隠す素材だけが変わったのである。

　また、目隠しに木を植えたい、という家が少なくない。なかには、隣の二階からのぞかれているようでいやだから、五メートル近い高木を目隠しに植えてくれないか、という人もいる。じつはこの目隠しの木も、現代では鬼門である。目隠しは、泥棒にとっても格好の目隠しになり、防犯面からいえば、決して安全ではない。目隠しは、低めの木のほうがいい。外部から自由にのぞかれるほうが安全でもある。

　いずれにしても、こうした昔からいわれる鬼門、現代の鬼門を考慮して、それをカバーして、心やすらぐ庭づくりをするのが、プロの庭師の腕の見せどころなのである。

3章

中高年世代の庭づくりプラン

庭でもベランダでもリメイクできるリガーデンプラン

いろいろな庭を見て歩いたら、自分がつくりたい庭をデザインしてみよう。
実際にデザインする前に、自分のライフスタイルを見直してみる必要がある。
といってもむずかしいことではない。事前に次のことを準備しておくといい。

①自分の興味を把握する

自分がいま、いちばん興味を持っていることはなにか。庭はいつでも好きなときにリガーデンできる、自分の生活に合わせてつくり変えていくものだから、いま、興味を持っていることを庭に表現するといい。

②庭に何を求めるのかを整理する

庭にはどのようなことを求めるか。興味や趣味を生かした庭にしたいのか、それとも日常と切り離して、樹木や草花と無心に遊ぶ庭を手に入れたいのか、憩いの場としたいのか、などを考えてみる。

③どれだけ手間がかけられるかを予想する

庭をつくったときに、草木の手入れをしながら、どのくらいの時間を庭に費やせるのか、草取りなどの作業は好きかを考える。庭にふり回されて生活がおろそかになったり、体調を崩したり、庭を持て余さないためにも、管理できる庭をめざすことが大事である。

④どんなタイプの庭にしたいか考える

樹木中心の庭にしたいか、花の庭、実のなる庭がいいのか、草花を中心の庭にしたいのか。洋の庭がいいか、それとも和の庭がいいか。色にしたら、どんな色が好みかを考えてみる。

⑤植えたい植物をピックアップする

自分が好きな樹木、花木、果実、草花を書き出してみよう。ガーデニング用の植物図鑑で、季節、育てやすさなどを検討してみよう。わが家に合った植物、必要な植物をはっきりさせることも大事。樹木と草花のリストをつくっておこう。

⑥寸法を測定する

庭のスペースを測ってみよう。ベランダの一部、庭の一部でもいい。きちんと測定して、方角も知っておこう。

⑦イメージ図を描いてみる

簡単に作図してみよう。鉛筆、色鉛筆、三角定規、コンパス、方眼紙、用紙を用意。

まず、方眼紙に敷地をとり、ベランダや庭、建物（部屋）のスペースをとってみる。自分が庭づくりしたいスペースを決める。そのうえで、どのように区分けして、柵、垣根、花壇を設け、どこにどんな植物を植えるか、どんな添景物を置くかなどを、平面図、透視図または立面図で表していく。

平面図には、植物の葉や花の色を、色鉛筆を使って表していくと、あとで庭のカラーコーディネートをチェックすることができる。

花木や草花は、季節によって変化するので、花のある時期とない時期、あるいは季節ごとのプランをつくっておくといい。

方角も忘れずに記入しておこう。日当たりのよい庭、午前中だけ日当たりがよい庭、午後だけ日当たりがよい庭、一日中日陰になる庭など、庭にも特長がある。設計図と植えたい樹木や草花のリストと照らしあわせて、植物を整理していく。

プロがすすめるリガーデンプラン　実例5点

次頁からは、造園連に所属する造園会社の設計図（平面図・透視図）を載せておく。二坪程度の小さな庭やベランダを想定したものである。参考にしてほしい。

1 茶庭風の庭

つくばい、敷石を中心にまとめた一坪の庭

幅2.5m×奥行1.3m
面積3.25㎡

設計＝東海造園

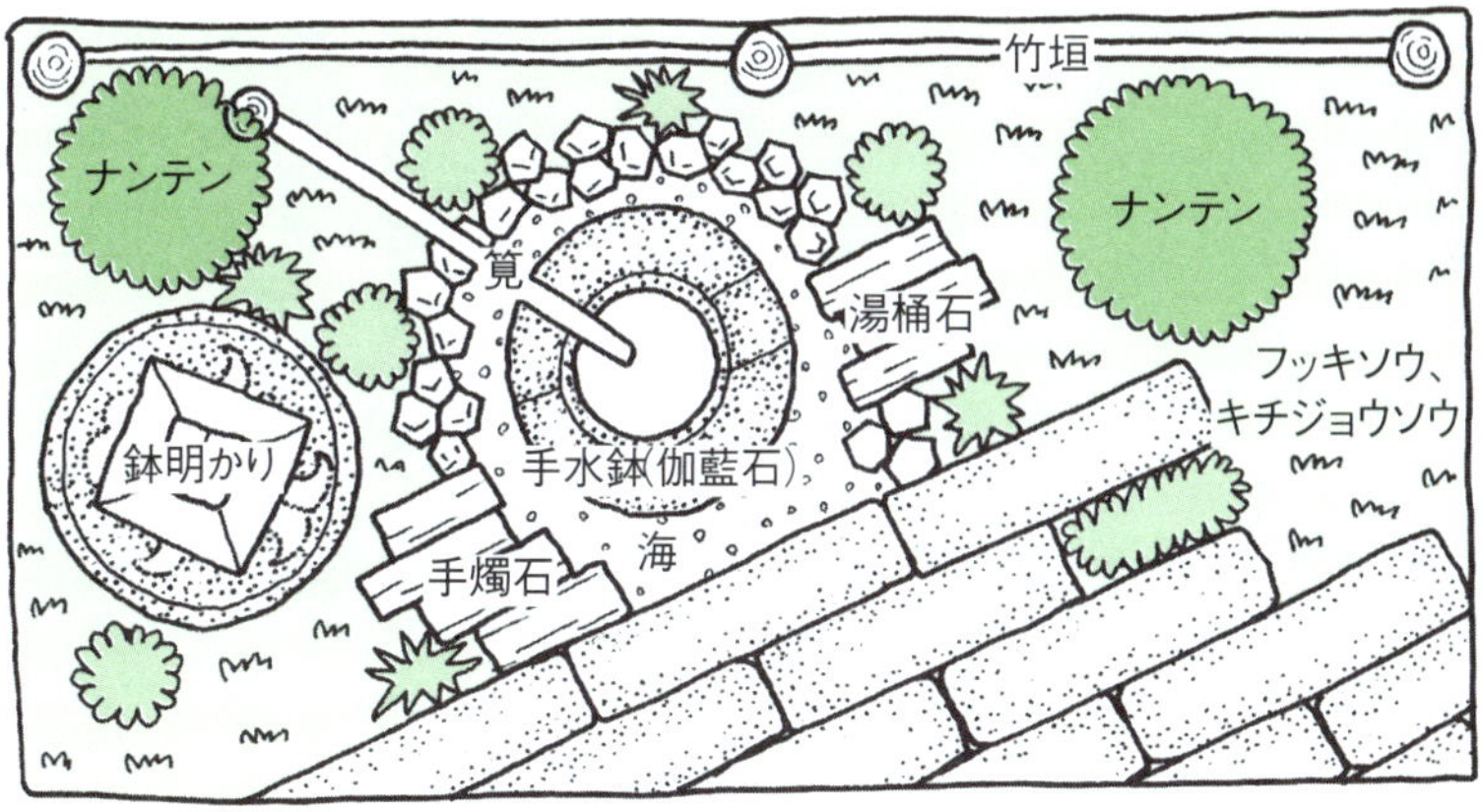

(湯桶石・手燭石の左右は茶道の流派により異なる)

つくばいは「手水鉢《ちょうずばち》」を中心に、「湯桶石《ゆおけ》」(湯桶をのせる台石)・「手燭石《てしょく》」(手燭をのせる台石)、「海」(手水鉢とそのまわりを囲む縁石の間の部分)、「筧《かけひ》」(水を通す樋)、「鉢明かり灯籠《どうろう》」(手元を照らすための灯り)などで構成される。ここでは、手水鉢(伽藍石)を中心に据えた「中鉢」型を採用し、湯桶・手燭石には六方石(五〜六角に形成された柱状の自然石)を、海は砂利を敷いて六方石で縁取りを、筧にはスギの溝彫加工材を使用。鉢明かり灯籠はひき臼《うす》を台石に、露地行灯を使用して茶庭を演出。目隠しには、竹で編んだ垣根を使用。草木は、アセビ、ナンテン、ギボウシ、セキショウ、ヤブコウジ、ヤブランなど。この場合はナンテンを使用。グランドカバープランツ(地表を覆う草木)にはフッキソウ、キチジョウソウを用いた。

2 芝生の緑を楽しむ庭

庭に高低をつけ、芝と砂利の対比を楽しむ庭

幅1.8m×奥行1.8m
面積3.24㎡
設計＝高松造園

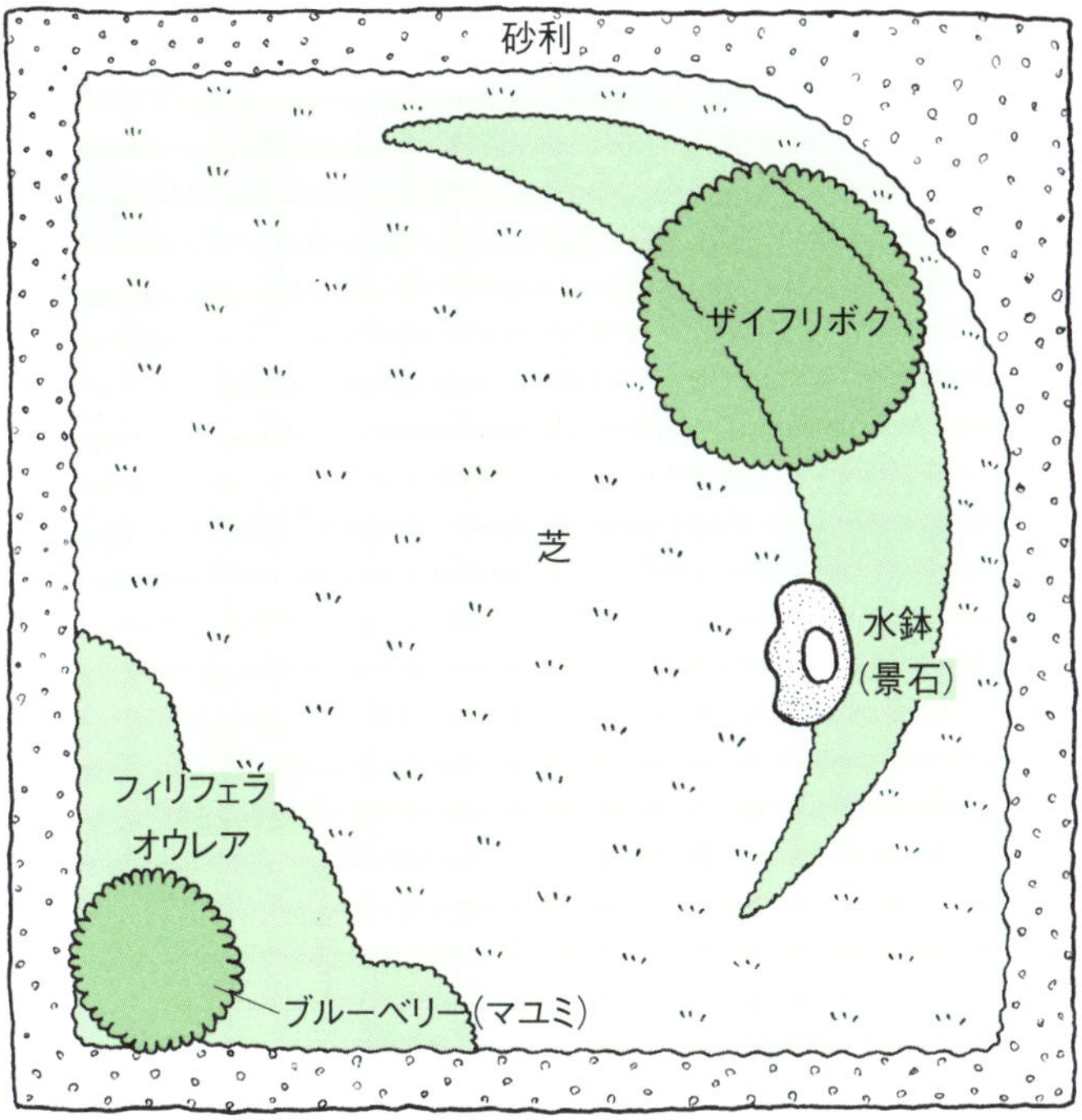

月と星に見立てて盛り土をし、現在そして未来をも照らす庭を演出。月部分はタマリュウまたはコケで地表を覆い、株立ちのザイフリボクを植栽。星の部分はフィリフェラオウレアをグランドカバープランツに使用し、ブルーベリー、またはマユミを植える。月の盛り土の際《きわ》には水鉢または景石を置き、月の光を受けとめる。全体に芝を植えてさまざまな色調の緑を強調。周囲には砂利をまいて、芝と砂利の質感の違いを楽しむ。

3 枯山水風の、「流れ」を感じさせる庭

白砂利とタマリュウの深い緑が奥行きと高低を感じさせる和の庭

幅1,8ｍ×奥行0.9ｍ
面積1.62㎡

設計＝成和造園

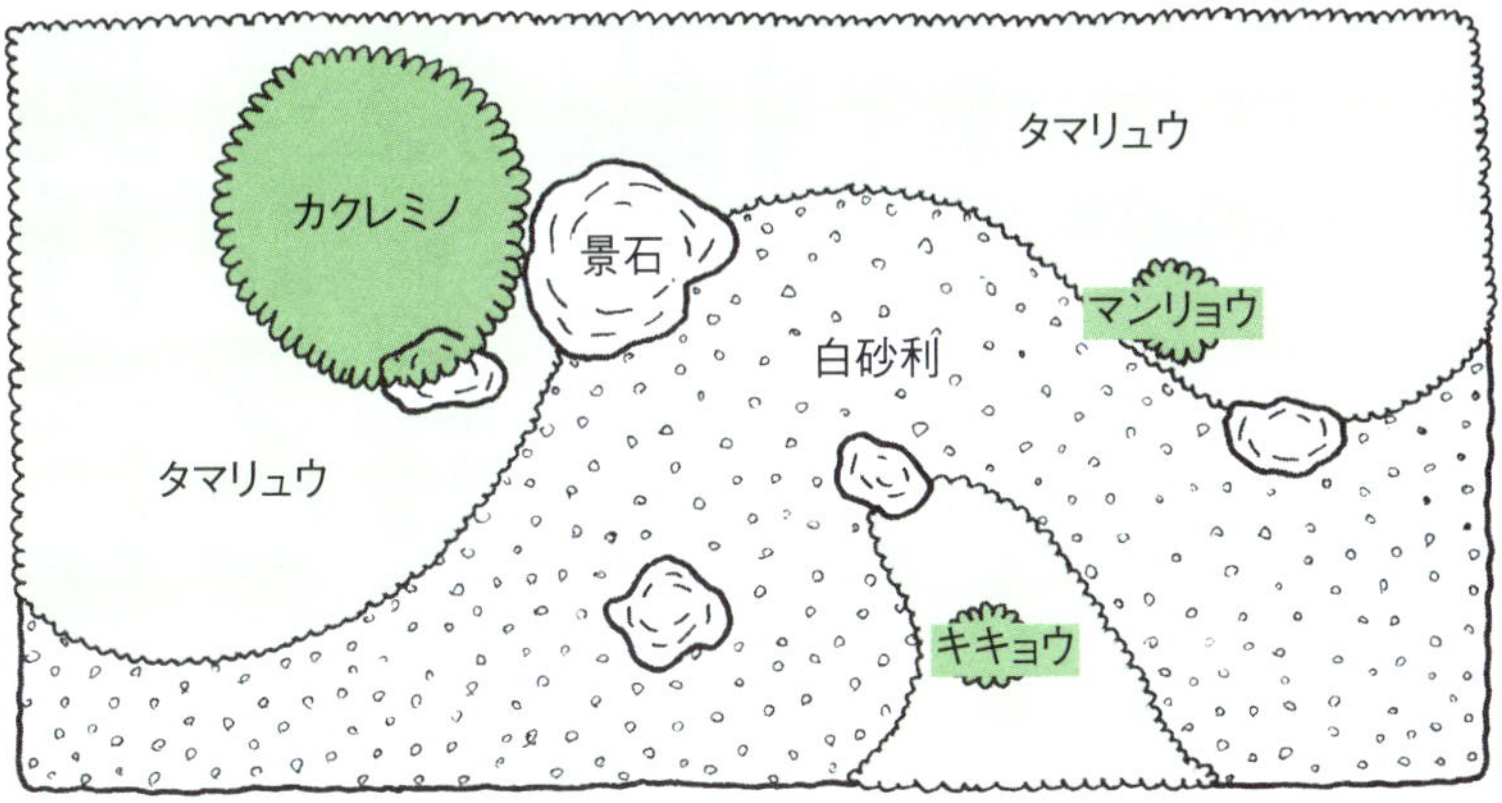

奥行きを感じさせるために盛り土をして高低をつけ、流線状のエッジを取って広がりをもたせ、白砂利とタマリュウとを対比させて、流れを明確にした。

盛り土には芝よりも丈夫なタマリュウを植え、一本の木にいろいろな形の葉がつくカクレミノ、赤い実がかわいいマンリョウ、そしてキキョウを植えるだけのシンプルな庭に。景石を奇数個置いて変化をつけ、流れを際立《きわだ》たせて枯山水《かれさんすい》を強調している。

4 奥行きを感じさせるインフロントガーデン

門扉から玄関ドアの空間を利用して、ガーデンのエキスを詰め込んだ庭

幅3.0m×奥行5.5m
面積16.5㎡

設計＝成和造園

玄関までの小道は蛇行《だこう》させて奥行きを感じさせ、両脇の壁側に盛り土をして高低をつけ広がりを感じさせた。

小道は石を埋めて、その両脇には砂利を敷き詰め、両サイドはグランドカバープランツで地表を処理した。アラカシ、ヒメシャラ、カクレミノの木を数本植え、景石を置いて、その際には季節の草花を植える花壇を三ヵ所設けて、家主がガーデニングを楽しめるスペースを確保。見て楽しみ、自分でガーデニングをして楽しみ、お客様を迎えて楽しめる庭である。

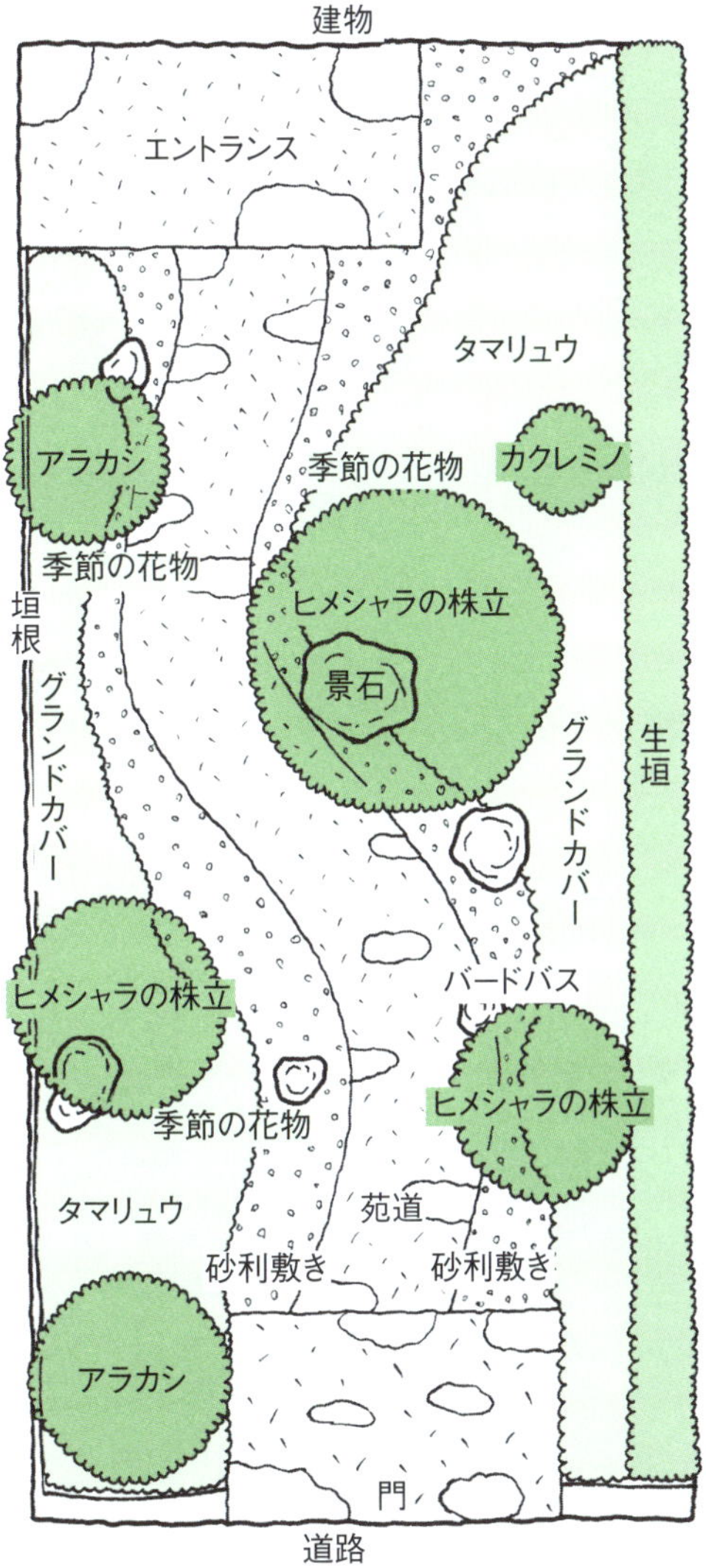

5 花を楽しむ庭

丸太で枠取りをした幾何学的なレイズドベッドで花を楽しむ

幅2.4m×奥行1.8m
面積4.32㎡

設計＝高松造園

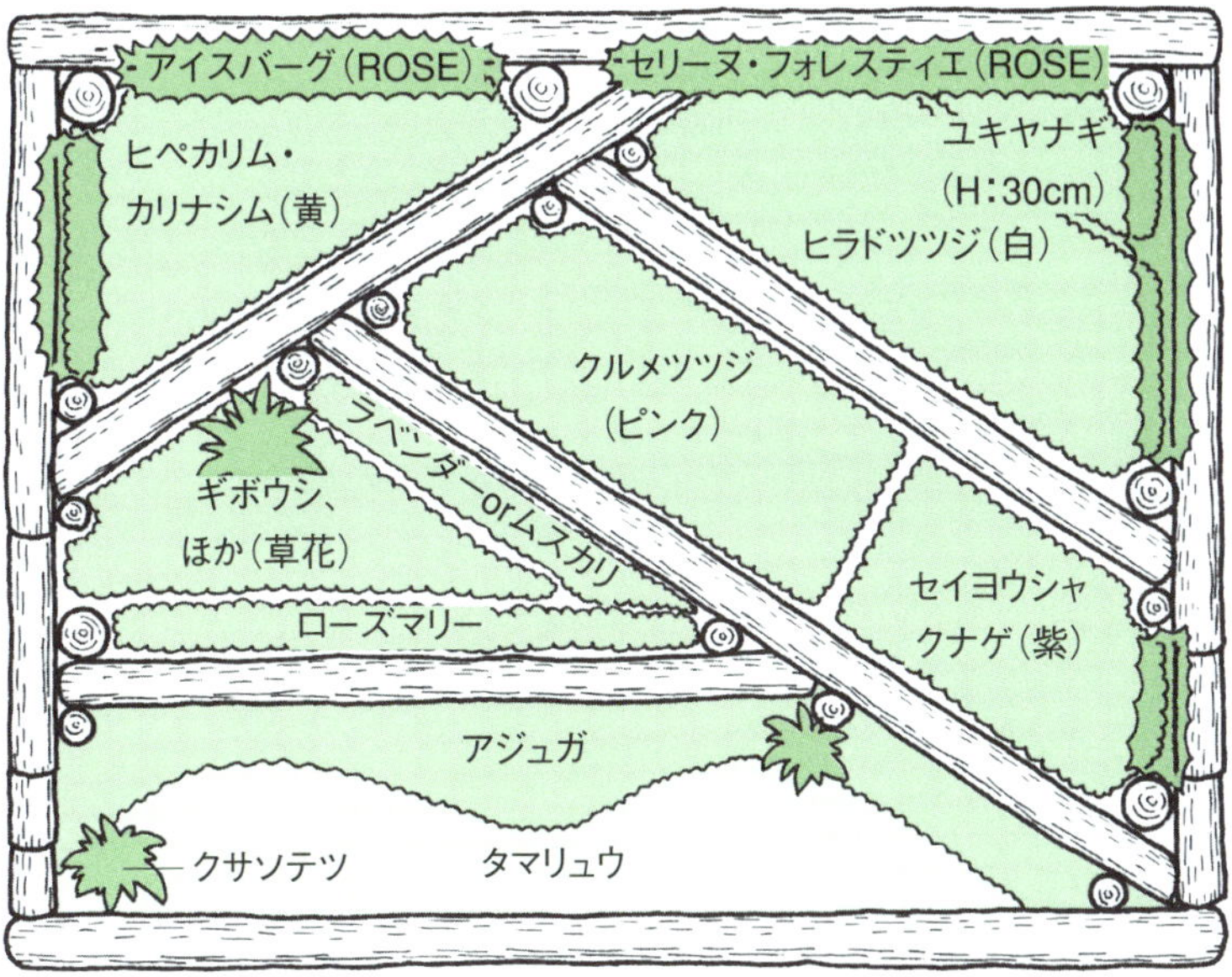

丸太で仕切って幾何学模様の枠組をつくり、セイヨウシャクナゲ、ツツジ、ユキヤナギ、ヒペリカム・カリナシム、アイスバーグやセリーヌ・フォレスティエなどのローズで、一年中花が楽しめるように花木《かぼく》を植えた。いずれも低木なので地表を覆ってくれ、しかもほとんど植えっぱなしで、あまり手入れの必要がなく、たっぷり花が咲き、花期は長い。草花のギボウシやアジュガ、タマリュウなどの和の草花とよく似合う。合間にラベンダーやローズマリーなどのハーブを植えて、よい香りが漂う演出もしている。花がとだえる二月ころ、花壇の手入れをすればいい。

4章

庭をつくってみよう

庭づくりのポイント

土さえあれば庭になる

庭づくりというと、大きな庭を想定する人がいるが、たとえ敷地が狭くても、地形が整っていなくても、いびつな形をしていても、心を癒《いや》してくれる庭は工夫しだいでいくらでもできる。

あの京都の町家《まちや》の中庭や坪庭《つぼにわ》、茶庭《ちゃにわ》や露《ろ》地《じ》の庭もさることながら、昨今のガーデニングのお手本でもあるイギリスの庭も、小さな庭の組みあわせであるといってもいい。広大な敷地の中に、たくさんのステージを設けて庭をつくっている。小さな庭だからこそ、いろいろと凝ってもいいし、適度な労働と手ごろな費用で、好きな時間帯に少しずつ手づくりすることも可能だ。

数年放っておいた古い庭のリガーデン、新たに設ける庭、引っ越し先の、前の人が楽しんでいた庭などいろいろあるだろう。まず、それを、どういう庭にしたらいいか、どういう庭にしたいのか、そのデザインを考えてみよう。不要な木や草花、添景物《てんけいぶつ》などをチェックし、それを取り除いたり、再利用できるかを考えたりしながらデザインを詰めていこう。

それには、いままで見てきた庭が参考になる。坪庭の原形になったといわれる京都御所の、寝殿と別棟をつなぐ渡り廊下などに囲まれたところにある壺庭——たとえば藤棚だけがある藤壺の庭、秀吉とねねの寺、高台寺の池中に組んだ石組と樹木、東福寺方丈南庭の白砂と石だけの庭、あるいは、英国で見た、一〇〇〇年以上の歴史がある城スードレイ・カースルの庭、オールドローズがすばらしいモティスフォント・アビーの庭、ボーダー花壇の典型であるシェイクスピアの妻、アン・ハサウェイの庭……などを思い起こしてみよう。

その一部を心に温めながら、自分の庭をデザインしてみる。土さえあればどんな場所でも、どんな大きさでも庭はできる。

排水を考える

庭をつくるときは土づくりが大事だ。最近は、造成地の庭だったり、改築したばかりの庭だったりすると、土中にコンクリートの塊《かたまり》やブロック・タイルの瓦礫《がれき》など、思いもかけぬものが埋まっていることがある。これらのものは、根を張る樹木には邪魔である。掘り起こしても捨てる場所に困ることも多い。とりあえずは一ヵ所に集め、木を植える場所からは取り除いておくことだ。

とくに、植物にとっていちばんの問題は、日当たりもさることながら、排水の良し悪しである。いい土地の条件は、肥沃《ひよく》で水はけがよく、土の新陳代謝《しんちんたいしゃ》が繰り返される土地だ。いまの庭の状態はどうだろう。雨が降るとぬかるみになり、なかなか水が引いてくれない、ということはないだろうか。水たまりができる、やたらにコケやドクダミがはえる、ということはないだろうか。穴を掘ってみたら、水がしみ出してくるのは植物にはもっともいけない。過湿状態にある土は、根腐《ねくさ》れの原因となる。排水をよくする土づくりが必要だ。

排水には、暗渠《あんきょ》と明渠《めいきょ》という考え方がある。暗渠というのは、地中に傾斜をつけたパイプを通して、水を集めて側溝に流す方法。明渠というのは、地表に排水溝を設け、地表に勾配《こうばい》をつけてこの排水溝にいったん水を集め、外に流す方法だ。

暗渠の場合は、土を掘り起こしてパイプを埋め込まなければならないので、手間がかかる。手軽なのは明渠である。盛り土をして、庭に傾斜をつけ、低くなったところに一～二本の排水溝を設ければいい。このとき、住宅側を低くしてしまうと、部屋の中が湿気でじめじめするので注意すること。盛り土は、高くても三〇センチ以内におさめることだ。

保水性、通気性、通水性のある土づくり

花壇をつくる場合や畑をつくる場合は、土づくりが大事になる。土を手に握って開いたときに、土が形状を保っていてすぐに崩れず、もう一方の指でつついたときに崩れる程度の硬さの、ふかふか土がよい土だ。これを「団粒構造《だんりゅうこうぞう》」という。小さな粒が集まって塊をつくり、保水性があり、同時に

■ 暗渠と明渠

暗渠

明渠

い土の状態である。
通気性・通水性もあり、新陳代謝がしやすい土の状態である。

しかし、庭木を植えるときは、ここまでの土づくりは必要ない。一度天地をひっくり返して、深さ五〇センチくらいを掘り起こし、空気に触れさせ、日光にさらして土の消毒を行い、新鮮な空気を含んだ土に耕しておこう。ただし、土によって、酸性にかたよりすぎている場合がある。オオバコやハハコグサ、スギナなどの雑草が多いときは、酸性土の可能性があるので、雑草を丁寧に除いたら、中和剤の石灰をまいておく。

なお、木によって好む土があるので、植えるときに土を調整しよう。たとえば、マツ類はよく海岸に植えられているが、これは水はけがよく、砂質の土を好む。ツツジ類は、保水性がある粘土で、酸性の土を好み、バラ類は肥料食いといわれるように、肥沃な土を好む。

添景物と庭木一本だけでも庭になる

ホテルなどの中庭を見ると、白い砂利に下草用としてリュウノヒゲ、そして一本の木とか、石灯籠《いしどうろう》に木というような、添景物と庭木一本で、風情を感じさせ、心を和ませてくれる庭づくりをしていることがある。小さな庭は、これがスタートである。

昔から庭は、単なる住居の付属物ではなく、宴を催し、人生を楽しむ場だった。そのことを考えれば、庭こそが人生のステージであり、住居のほうが庭の付属物という考えもある。自分がつくろうとしている庭に、自分の気持ちが投影できればいい。

　大きな木を住居近くに植えると、枝葉が住居の外壁にあたり、木から雨水などが伝って、建物が朽ちる原因になるので、建物から少し離して植えるのがよいとされる。それでも、大きな落葉樹が窓辺に一本あると、ちょっと違う。夏は緑の大きな葉が新鮮で、かつ日をさえぎって涼しく、冬は葉の落ちた姿が障子に影をつくり、なかなか風情がある。常緑樹の場合は、冬の日差しが楽しめず、うっそうとしてくるが、落葉樹なら大木一本でも庭になる。庭は「雑木《ぞうもく》にはじまり雑木に終わる」といわれる所以《ゆえん》である。

　石や手水《ちょうず》、灯籠などの石造品などに、下草だけでもいいが、これに木を添えると、とたんに庭に生気がみなぎる。鉱物と生物の美しさが強調され、風景にやさしさが生まれる。この木の役割と効用を、庭師は、役木《やくぎ》という言葉で表している。役木はいろいろな用い方がされ、使い方によって呼び名が違う。

　代表的な役木としては、マツやマキなど、門のところに冠のようにかぶさる**門冠《もんかぶ》り**の木、塀からマツなどの木がのぞくように、庭の背景を構成して植えられる**見越し**の木、マキ、モッコク、ネズミモチなど、石灯籠などのうしろに植えられる**灯籠控《とうろうひか》え**の木、カエデなど、枝がしなやかで、石灯籠の火口にかかるように手前に植えられる**灯障《ひざわ》り**の木、手水のそばに植えられる**鉢囲い**（鉢請け）の木、井戸や井筒の脇にマツやウメ、ヤナギなどを添えて風情を生む**井戸会釈《いどあしらい》**の木、マツやマキなど、池などの縁に植えられる**池添え**の木（とくにマツは流れ枝マツ

■ 役木のいろいろ

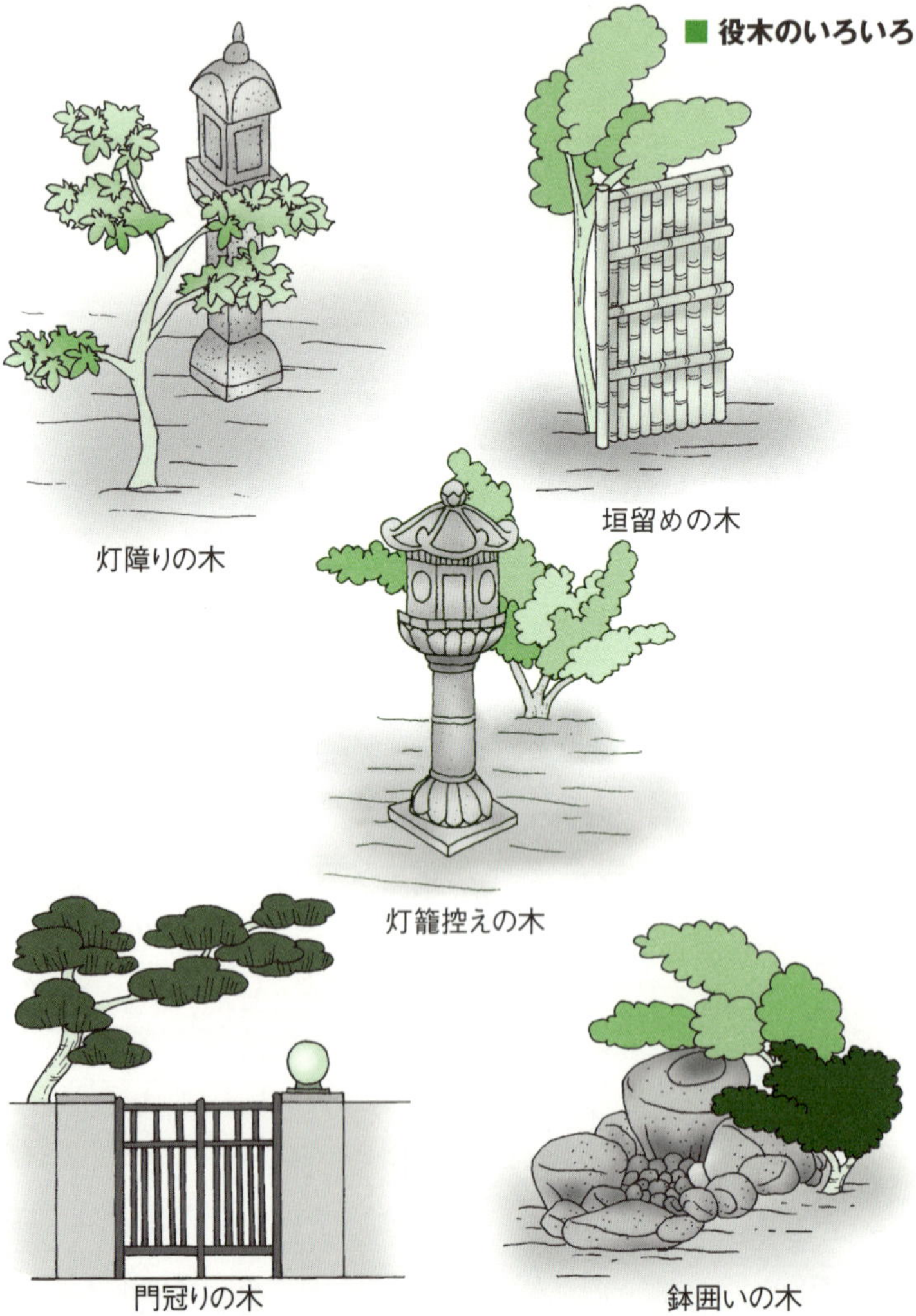
灯障りの木
垣留めの木
灯籠控えの木
門冠りの木
鉢囲いの木

という）、シダレヤナギ、カエデなどが典型的な、橋のたもとに植えられる**橋本**の木、ウメ、カキ、カエデ、アオキ、ナンテンなどの垣根の留め柱に植えられる**垣留め**の木、池泉《ちせん》にある小さな滝の両脇などに植えられ、枝が滝のしぶきに揺れる様を楽しむ**滝障り**（飛泉障り）の木、庵のそばに植えられる**庵添え**の木、塚のそばに植えられる**塚添え**の木などがある。

そのほか、庭の景色の中心に使われる常緑樹を**正真木**《しんしょうぼく》、この対になる**景養木**《けいようぼく》（正真木がマツなどの常緑樹なら、落葉樹が用いられる）、南側の庭の東に植える木で、幹や枝葉が美しい**寂然木**《じゃくねんぼく》、南側の庭の西に植える木で、カエデなど紅葉が美しい**夕陽木**《せきようぼく》なども、現代ではあまり見られないが、かつて庭の要所に植えられた役木である。

洋風の庭なら、この役木の考え方を当てはめて、ベンチの背後にベンチ控えの木、彫像の側に彫像障りの木、ライトの背後にはライト控えの木などとして、楽しんでもいいだろう。

小道をつくって奥行きを出す

わずか一坪。一辺が約一・八メートルの約三・三平方メートル。そう思うと狭いが、しかし、この一坪の庭にも、奥行きを感じさせる立派な庭をつくることができる。小さな道をつくり、それを斜めに蛇行《だこう》させる。蛇行させることによって道のりが長くなる。しかも、道幅を同じにするのではなく、だんだん細くなるようにすれば、道のりはさらに長く、奥行きはさらに深く感じられる。

一坪の庭に小道でもあるまい、と思うだろうが、小道があると、中ほどの木や添景物の掃除や管理をするときに便利だ。

蛇行部分には灌木（低木）を植えたり、添景物や彫像を置いたりし、小道の先は木で覆い、その道がどこまでも続くように演出する。リアルに見せるのではなく、隠すことによって奥深さの想像力をかきたてるのである。

この小道に沿っては、あまりごてごてと木を植えず、二～三種の灌木や宿根草《しゅっこんそう》を繰り返し植えると、リズム感が出てくる。大事なことは、エッジの処理を上手にすること。エッジに、茎や葉がしなだれかかるような宿根草やつる性植物、シダ類などを選んで、植えてみよう。さらに、その後ろには少し背の高い植物というように、ボーダー式に、傾斜ができるように植えてもいい。

階段などを設け、高低をつける

狭い庭を大きく見せるために、庭の隅のほうに、高低をつける方法もある。すると、立体的な庭になる。庭の奥の三方にスロープを設けてもいいが、場所もとり、費用もかかるので、まずは階段をつけてみよう。

段差は低すぎると、かえってつまずく原因になるので、中高年の場合は、高さは少なくとも一五センチは必要。階段の幅は狭くしたり、広く取ったり、途中から幅を変えたり、螺旋式《らせんしき》にしたりして工夫すると、庭に変化が生まれる。ただし、階段の高さは一定にしておかないと転ぶ。

素材は、切石やレンガだけでなく、デッ

キや杭木《こうぼく》を利用すれば、簡単にできる。階段をつくれば、階段の隅に木を植えたり、鉢を置いたりして、植物を置く空間がふえる。庭も生き生きしてくる。

とくに、シルバー世代には、健康を守る庭としても、階段の設置がすすめられる。階段の上がり下りの動作は、足腰を鍛えるのに都合がよい。ただし、手すりをつけること。高齢で足腰が弱ってきた場合は、蹴上げを低くする、滑りにくい材料を使うなど、転倒を防止するきめ細かな注意が必要になる。

木で広がりを出す

狭い庭を広く見せるには、木を植えすぎないことが大事である。かといって、木や添景物が少なすぎても狭く感じられる。ポイントは、本数をしぼって、いちばん木が美しく見える位置に植えること。すると、庭の狭さが気にならなくなる。

庭の中で、木がきれいに見える位置というのは、昔から、黄金分割による中心に、というのがある。この中心に木を植えると、どこから見ても木は映え、庭も映える。これは経験によるもので、作庭において、また、美術や工芸、建築などの世界においても、その位置がいちばん美しく見えるとされてきた。

つまり、次頁のように、黄金分割の「一対一・六一八」で、中心を決めていくのである。

庭の場合は、部屋のどこから庭を眺めるかを考えて、庭の中心を決めていけばよい。

■黄金分割

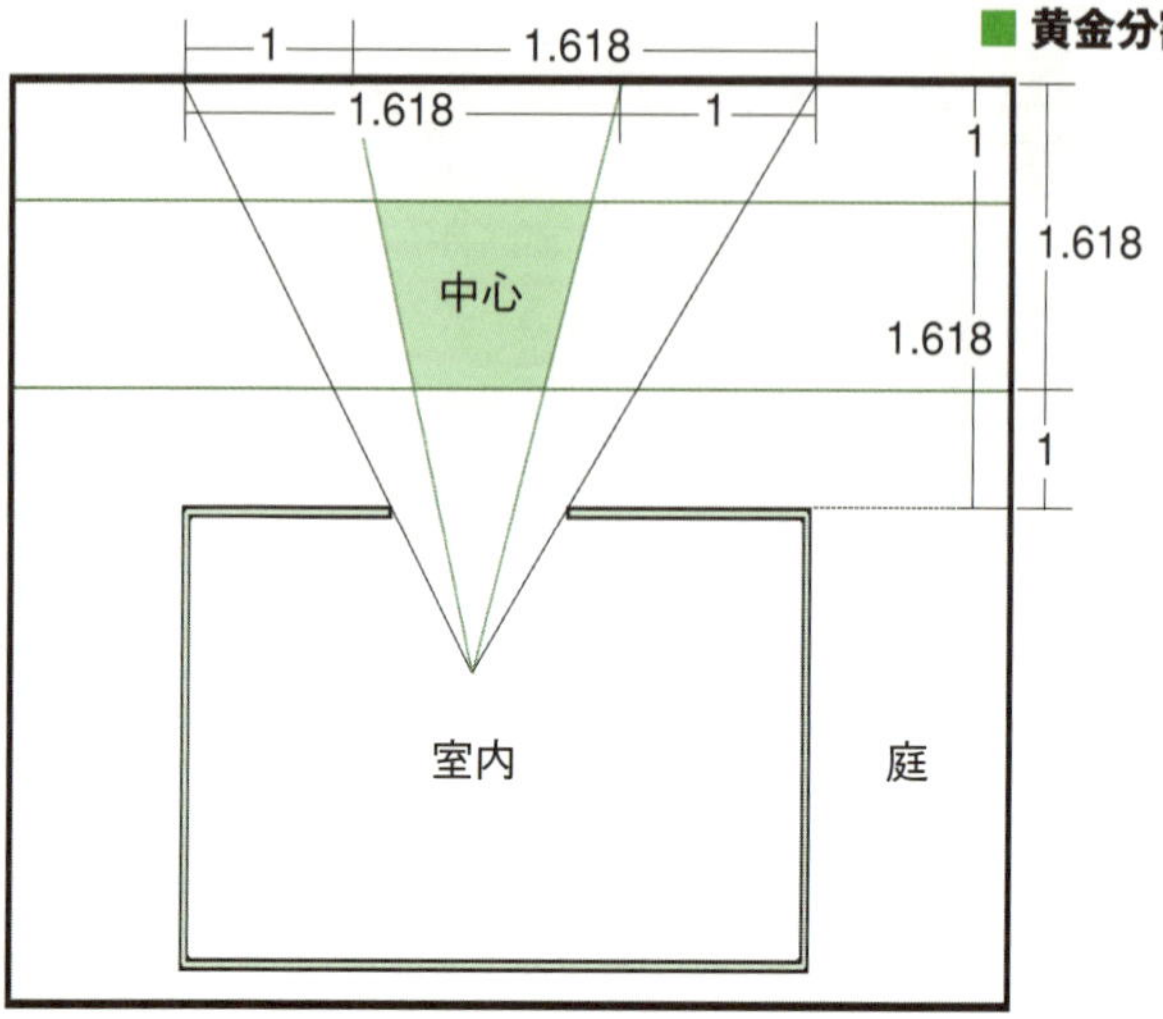

わが家に照らして考えてみよう。ただし、この中心に木を植えるのは、坪庭の場合である。庭が広い場合は、この中心を意識したうえで、中心をはずして、近景、中景、遠景の木の重なりによる景色をつくることになる。

さらに、手前より奥が高くなるように盛り土して、庭に傾斜をつけると、奥行きが出る。ただし、住宅側を低くすると、住宅まわりに水たまりができてじめじめするので、中ほどに水を集める溝《みぞ》をつくって、住宅側にも軽く傾斜をつける必要がある。

木は不等辺三角形を描くように植える

木の植え方にも、美しく見せるための原則がある。日本人は、もともとバランスがとれたものより、アンバランスの美をよしとする傾向がある。木を植えるときも、三本、五本、七本、九本というような奇数を縁起のよい数とし、基本の三本の木は、不等辺三角形になるように植えるのがよいとしてきた。

位置的にも、不等辺三角形になるように位置を決め、「真」「控（対）」「添」、または「天」「地」「人」とし、その庭を象徴するような主木を「真」または「天」といい、その主木を引き立てるような同種の木を「控（対）」「地」、そして種類が異なる、両者のバランスをとる木を「添」「人」として配植した。

これは正面からばかりでなく、真横から見ても、木の高さにおいても、不等辺三角形をつくるような樹高のものを選ぶ。欧米ではバランスやリズムを大切にし、同じ種類の同じ高さの木を一直線に、あるいはシンメトリーに植えるから、この不等辺三角形方式は、日本独特な配植で、不整形の統一といったらいいだろうか。

なお、「真」となる木は、樹形や根張り、枝ぶり、木肌の美しい木が選ばれた。たとえば、常緑樹の場合は、マツ、イヌマキ、コウヤマキ、モッコクなど、落葉樹ではウメ、ヒメシャラ、モクレン、モミジなどがあげられる。配植は不等辺三角形を基本に、これを一単位として、近景、中景、遠景のように、複数単位で植えていく。

もっとも、小さな庭では、不等辺三角形に植えるといっても、ままならないことがある。この場合、隣の家の植木を利用する手がある。隣に高木があれば、それを一つ

■ 真・控・添の配植

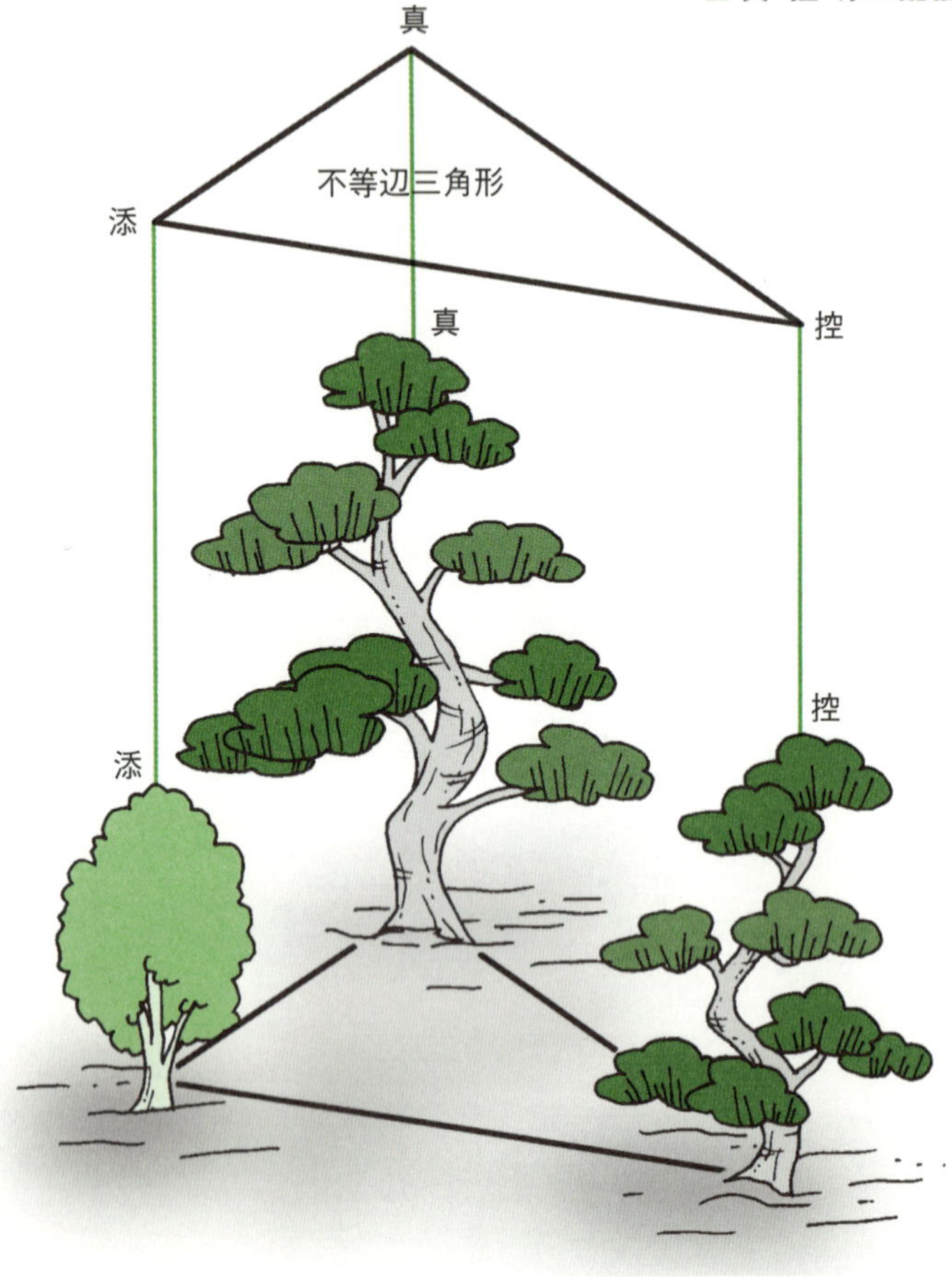

の頂点として、不等辺三角形をつくってもよい。また、隣に高い目隠しがあれば、それを遠景として利用してみてもよい。隣の建造物の白い壁なども利用できるし、ブロック塀なども、立体花壇として利用してみよう。ブロック塀にペンキを塗って、ヘデラ（アイビー）などのつる性植物をからませるのである。

一点に集中させず、視線を分散させる

欧米では、同じ種類の同じような樹形・樹高の樹木を一直線に列植《れっしょく》し、ビスタと呼ばれる通景線《つうけいせん》（中央にとる通り道）を設ける。通景線に視線を集中させるのが、奥行きを感じさせるポイントとされた。

しかし、日本の場合は、視線を分散させて奥行きを感じさせる方法をとる。中心部に木を植えたら、これを近景として、中景、遠景に木の重なりを設ける。木の重なりによって見えない部分は木の姿を暗示させ、期待感を抱かせ、こうして左右への広がりを感じさせる。しかも、遠景に低めの木を配植することによって、さらなる奥行きを感じさせるのである。見えている部分と見えない部分の連続性こそが、広がり、奥行きのポイントになる。庭に近景、中景、遠景の不等辺三角形をつくって、広がりをもたせてみよう。

敷石のつくり方

小道などをつくるときに、歩みをスムーズにさせるために、敷石《しきいし》を敷く手もある。

敷石は、石の種類や大きさ、道幅、蛇行などによって表情が異なる。敷石の原型は露地に敷かれた山石による「わびさび」の風情といわれる。

敷石のデザインは、一般に、加工した切石だけを使用したものを切石敷き（デザインは真《しん》・行《ぎょう》・草《そう》で表され、この切石を使用したものは真にあたり真体）、自然石だけを使ったものを玉石敷《たまいし》き（草体）、切石と自然石とを合わせたものを寄せ石敷き（行体）という。石と砂利を上手に使って小道を舗装し、模様をデザインすると楽しい。

敷石をするときは、歩きやすさがいちばん。そのためには、①土台となる遣形《やりがた》（土を掘り下げてつくる枠組）をきちんとつくり、平らにすること、②砂ぎめや土ぎめにして、敷石をコンクリートなどで固めない方法をすすめるが、このとき、目地《めじ》をきれいにつくることが大事だ。

［敷石のつくり方］

1 遣形をつくる〔A〕。敷石の大きさに合わせて、二つの杭を打ち、これに水糸を張って高さを決め、反対側にも二つの杭を打ち、同じ高さに水糸を張って、遣形をつくる。

2 水糸に添って床を掘る。深さはおよそ、一三センチが適当。石の高さは一〇センチ弱である。あまり深く掘らないこと。

3 砂利をまく〔B〕。五センチくらいの厚さにまけばよい。よく固めておくことが大事だ。

4 砂をまく。高さがでこぼこにならないように、板などを使って表面を整地してお

■敷石を設ける

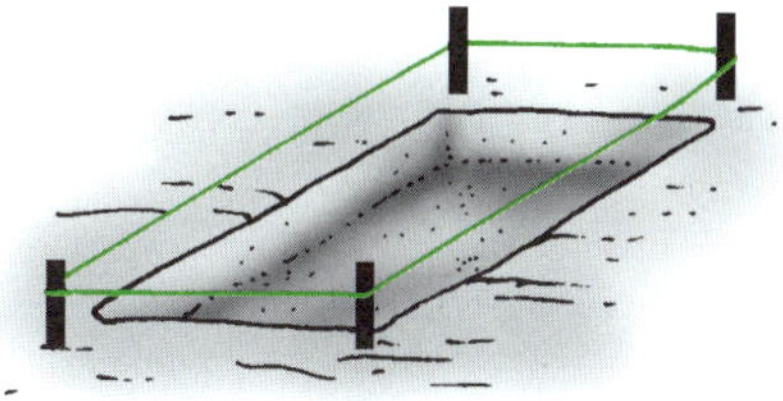

A 遣形をつくる

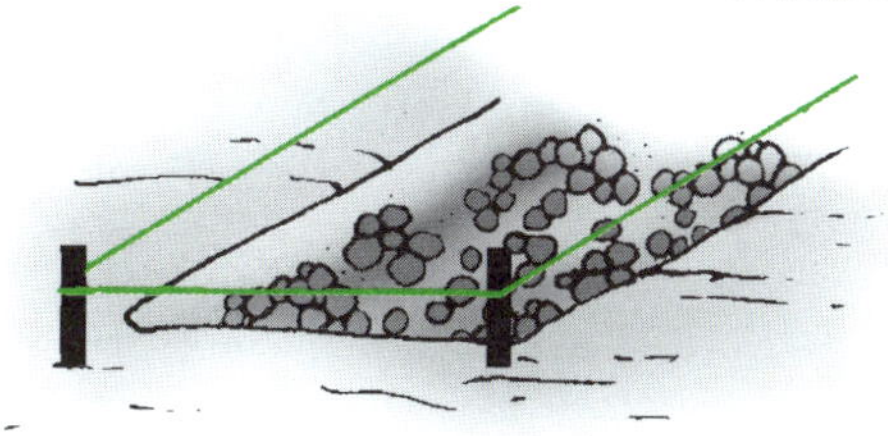

B 砂利をまき、砂をまく

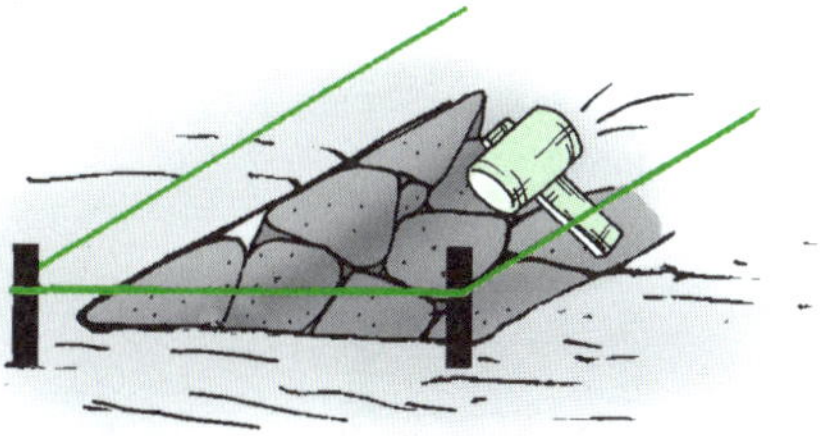

C 石を置き、木槌 でたたく

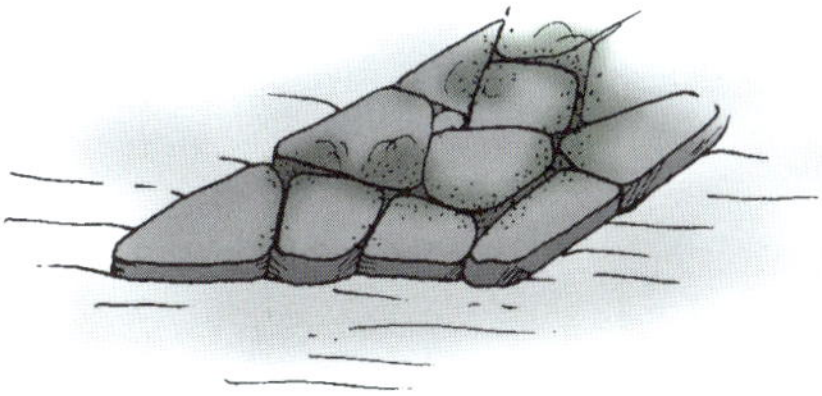

D 目地に砂を埋める

こう。
5石を置く〔C〕。石を置き、四隅を木槌《きづち》などでたたいて落ち着かせる。平らになるように下に敷く砂を調整し、足で踏みしめながら敷いていこう。
6敷き終わったら、遣形の水糸をはずし、目地に砂を埋めていく（砂ぎめ）〔D〕。あるいは掘り起こした土でもよい（土ぎめ）。平らに敷けるように、その上を何回も歩き、平らでないところは石の下に砂などを補充して修正する。

レンガの敷き方

レンガやタイルを敷き詰めるときも、モルタルを使って固定するのが一般的だが、庭の場合は、家族構成の変化や利用目的の変化、管理の具合、好みの変化などによって模様替えしていくことも多いので、固定しないほうがいい。
ただし、大きさが均一なので、敷き方が荒いと、荒さが目立つ。遣形づくりをしたら、まず、土の上にレンガやタイルを置いてみて、これでよいとなったら砂をかけて、砂ぎめしていく。なお、レンガには大小があるので、求めるときにサイズを確認し、個数を求めよう。

［レンガの敷き方］
1水糸を使って遣形をつくり、砂利、砂を敷く。
2レンガを置いてみる。レンガを割るときは、割りたい位置にカッターで筋をつけ、のみをあて、のみの柄の頭部分をたたくときれいに割れる。
3その上から砂を敷き、ほうきで掃きながら、目地を埋めていく。
4水をまいて、もう一度砂を入れて、目地を埋める。

飛石の工夫

飛石《とびいし》は、千利休《せんのりきゅう》が露地に取り入れたのが最初とされる。露地を歩くときに、履物《はきもの》が汚れ、茶席に不浄なものを持ち込むのを予防する、という実用性から生まれた。

したがって、見かけもさることながら、その上を歩いたときに、右、左、右、左と交互に、歩きやすい歩幅に石が置かれていることが、もっとも大切だ。

やがてこの実用性に加え、見た目の美しさ、わびさびを感じさせる飛石のあり方が求められるようになり、目的地に一直線に進むのではなく、迂回《うかい》したり、道を閉ざして迷い道にしたり、行き手をはぐらかすような、さまざまな飛石の打ち方が研究され、茶人の感性がしのばれる独特なリズムのある打ち方がされるようになった。

飛石の打ち方には、直打ちに対して、二連打ち、二三連打ち、三連打ち、三四連打ち、四連打ちがあり、さらに雁《がん》打ち、千鳥《ちどり》打ち、大曲《おおま》がり打ちなどがある。

打つときは、石は直径が三〇～五〇センチくらい、厚さが一〇～二〇センチくらいで、歩きやすいように、表面があまりでこぼこしていないものを選ぶ。表面のでこぼこは風情があるともいうが、年を重ねると、わずか一センチのでこぼこにも足をとられることがあるので、注意が必要だ。打つ位置は、直線の場合は、石と石の側面が平行になるようにし、曲がるときは、カーブの中心を向くように決めると、整然として見える。そして、気分的に一部分を崩すと、風情が出る。

［飛石の打ち方］

1 石を置いてみる。石と石の間隔は一〇センチくらいとる。その上を二～三度歩いて、歩きやすい位置かどうかを確かめる。

2 位置が決まったら、いったん石を脇へどけて、床掘りする。このとき、石の大きさより一〇センチほど大きく掘り、石の据え高が三～五センチになるようにする。

3 石を穴に置き、これでよいとなったら、土を埋め戻し、石を据えつける。石の高さがそろうように、水平器などを使用してみよう。

芝生の植え方

広い庭の芝生は手入れが大変だが、狭い庭の場合は、場所が限られているので手入れしやすい。地面が緑に覆われているのも心地よいので、一時は減っていた芝生も、昨今は、少しずつふえはじめている。小学校の校庭も緑化がすすみ、芝生を植えているところが多い。土を覆う、グランドカバーの一つと考えられる。日当たりのよい場所に芝生をつくってみよう。

張り芝や植え芝は、切り芝にしたものをまとめて売っている。ホームセンターなどで手ごろな価格で手に入る。われわれ庭師

■飛石の種類

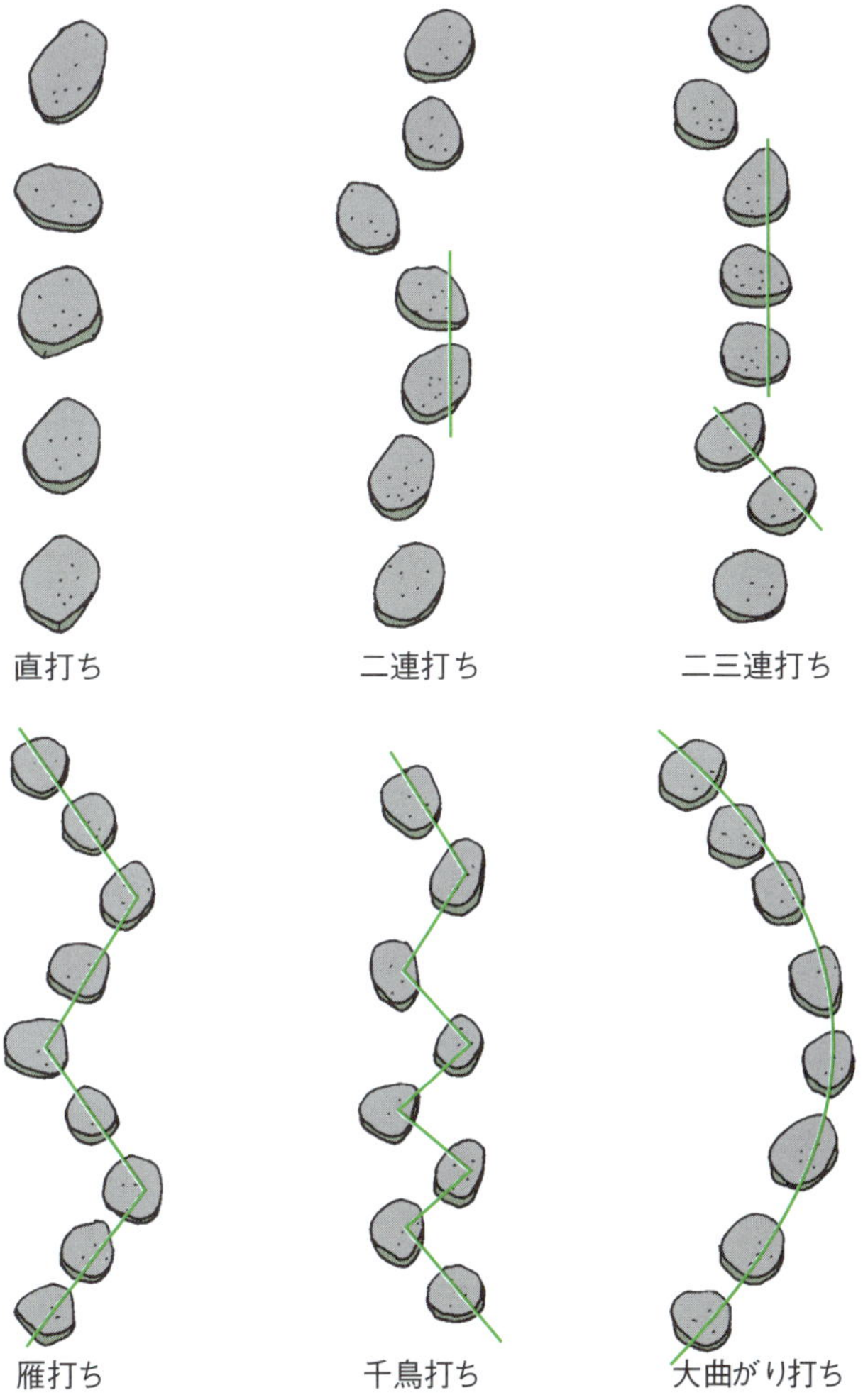
直打ち
二連打ち
二三連打ち
雁打ち
千鳥打ち
大曲がり打ち

も、少量のときはホームセンターや大型園芸店で求めることがある。ただし、よく見ないと、上下はきれいな芝だが、中ほどが変色していたり、芝がまばらだったりするものがあるので、購入するときはチェックすることだ。

芝の植えつけには、張り芝、播種、植え芝の三つの方法がある。

●張り芝

日本芝のように匍匐《ほふく》性のあるものは、張り芝が適している。張り芝とは、幅およそ一五センチ、長さおよそ四〇センチ、厚さおよそ三センチの切り芝になっていて、二〇枚一束（だいたい一平方メートル分）で販売されている。これを整地した土の上に並べて張っていく。目地なしの、べた張りでもいいが、目地張りをするなら、間を一・五～三センチほど離して置いていく。並べ置いたら、角材などでたたいて土と芝とを密着させ、その上から、ふるいにかけた畑土（目土《めつち》）などをまき、目地部分には土をすき込む。

なお、張り芝は真夏と、一〇月～二月の寒い時期を除けば、植えつけは可能である。

●播種《はしゅ》

種をまいて芝を生育させていく方法で、西洋芝の場合に行われる。面積が広い庭に行うことが多い。植物を種から育てる場合と同じで、湿気に強い種や干《かん》ばつに強い種などを混ぜ、砂なども混ぜて、まきムラが起きないようにまく。その上から土を軽くまいて、ローラーで軽く圧迫する。水まきをしたら、発芽するまでワラをかけておく。発芽してから、

■ 芝の植え方(張り芝)

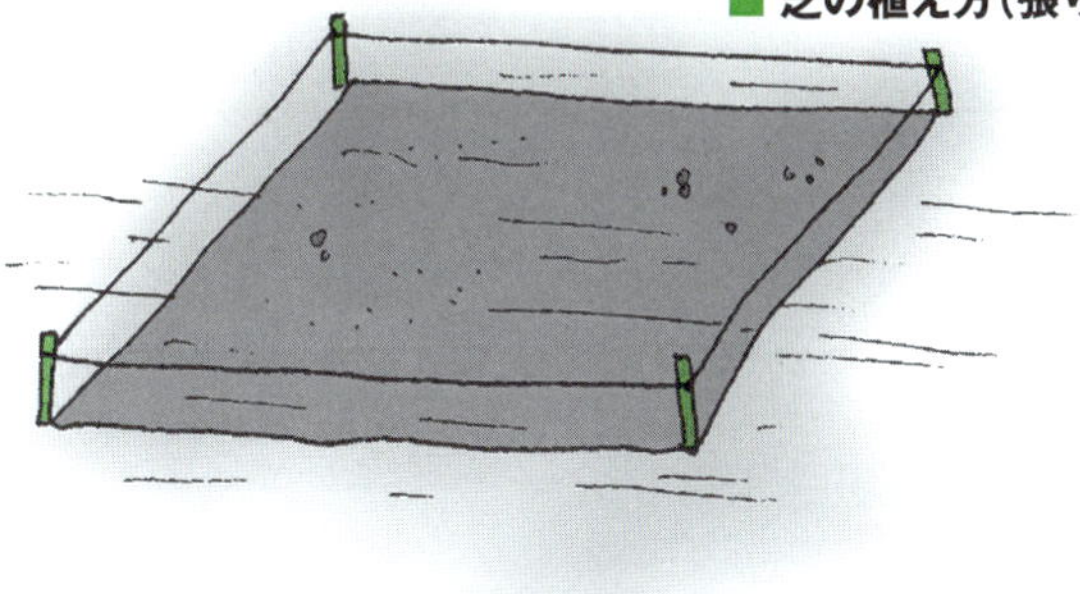

A 整地する

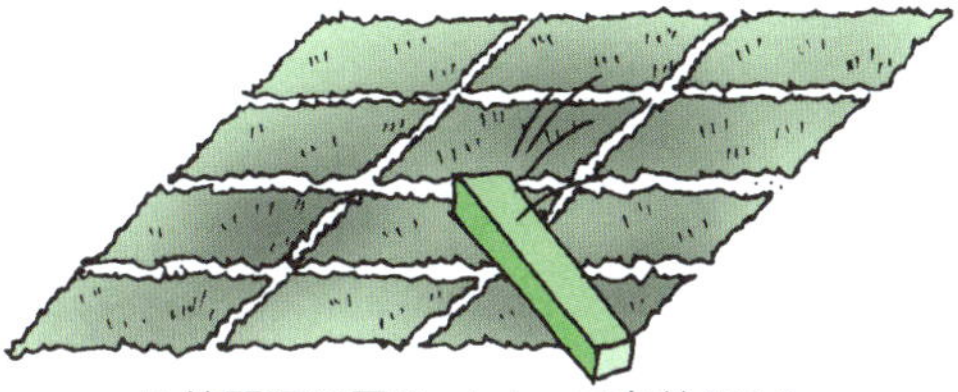

B 等間隔に置き、たたいて密着させる

C 目土(畑土)をまき、目地に土をすき込む

■芝の種類

	植え方		種類	
日本芝	張り芝	夏型 冬場は枯れて休眠状態になる	野芝	日本原産の芝。その地域にしか根づかない。根づけば低温や病害虫にも強く丈夫、手入れも簡単
			コウライ芝	もっともよく使用される。低温に強く、野芝より草がやわらかい。ただし、日常の管理が大事
			ヒメコウライ芝	コウライ芝を品種改良したもの。コウライ芝より葉が繊細で密生する
			ビロード芝	葉が小さく密生し、非常に美しいが、性質が弱く生長が遅い。住宅の限られた部分に使用
西洋芝	植え芝	夏型	バーミューダーグラス	踏まれても、刈り込まれても、暑さにも強い環境適応型。日照不足に弱い
			ティフトン類	バーミューダーグラスとの交配による芝で、踏み込み、刈り込み、病害虫に強い。生長も早い
	播　種	冬型 涼しい乾燥地に適し、冬でも青々としている	ベントグラス類	生長は遅いが、緻密な淡い緑の葉が美しい。北海道、東北、関東北部、中部山岳、北陸地方の寒冷地で育つ
			ケンタッキーブルーグラス	踏み込み、刈り込みに強く丈夫だが、暑さに弱く、生長が遅い。北海道、東北、関東北部、中部山岳、北陸地方の寒冷地を好む

もう一度ローラーをかけ、生長を待つ。播種に適した時期は、夏型芝の場合は春から夏にかけて、冬型の芝は秋である。

●植え芝　匍匐性で生長の早い芝（バーミューダーグラスなど）の場合に行う。張り芝と作業は同じであるが、張り芝よりも細かく裁断してある切り芝なので、植えつけに時間がかかる。真夏を除く春先から秋にかけてが、植えつけ時期である。

花壇や花台の活用

庭には鑑賞の楽しみだけでなく、手をかけて草花を育てる楽しみもある。しかしときに、手をかける時間がなくなり、管理が負担に思えるようなことも出てくる。リガーデンするときには、自分の生活スタイルや、庭にかけられる時間などを考慮し、最初は手をかける部分を限定しておくといい。庭の一部に花壇や花台を設け、この部分だけを、とりあえず管理することを考えるべきだ。

花壇には、花や葉の美しいものを集めて幾何学的な模様を描く毛氈《もうせん》花壇、小道に沿って植えるリボン花壇、建物や塀に沿って、列状に植えるボーダー花壇、いろいろな花を寄せ集めた円形または多角形状の寄せ植え花壇、壁面を利用したウォールガーデン、石と組みあわせたロックガーデン、自然な感じのナチュラルガーデンなどいろいろある。

とくに小さな庭におすすめしたいのは、寄せ植え花壇である。庭の敷地条件を考え、日照や風通しのよいところに、庭にあった花壇をデザインしてみよう。

花壇の縁取りには、玉石、自然石、レンガ、焼き丸太、フェンスなどが用いられるが、背の低くて茎のやわらかい、しなやかに下垂《かすい》するスプレー植物を縁取りに植え、縁取り材料を用いない場合も多い。

草花を植えるときには、その一ヵ月くらい前に、土をよく耕し、天地返しを行い、堆肥《たいひ》をすき込み、肥料などをまいて、土づくりをしておく。

なお、花壇をつくって管理する時間がないときは、石を組んで花台などをつくり、そこに寄せ植えしたテラコッタ（オレンジ色系の粘土を使った鉢）などを置いて、毎日水やりし、ときに肥料を与え、花を楽しむ。テラコッタの世話くらいなら負担にならないだろう。

スペースを利用して庭をつくろう

玄関横の小さなスペースも庭になる

これといって庭のような広いスペースがない。でも、緑や花があると心が休まる。庭がほしい、というときがある。

大丈夫。ちょっとしたスペースがあればどこでも庭になる。ガレージも、屋根をとって、床の一部を花壇にして庭にすることができる。玄関や門の脇に小さなスペースがあれば、そこも庭にできる。ブロック塀も生垣《いけがき》も庭になる。いろいろな園芸材料がふえ、マンションのベランダが昔と違って、まるで一戸建ての庭のように楽しむことができるようになったのと同じだ。

家のまわりをざっと見回して、空きスペースを探してみよう。家の周囲においてある廃材や瓦礫《がれき》、使用しなくなったゴミ箱やバケツ、プラスティック製のいらなくなった植木鉢などを処分してすっきりさせ、幅一〇数センチの土地があれば、そこは庭になる。天気のよい日は、夫婦で家のまわりを、雑草を抜いて、不要物を片付け、きれいにしてみると、いろいろなアイディアが浮かんでくる。

石組を基本にした庭

地震のときに倒れる危険があるので、ブロック塀はなるべく低くし、できることなら撤去したほうが安全だ。家のまわりを囲っていた塀や垣根も、防犯を考えると、取り去って、オープンフロントガーデンにしたほうがいい。

そんな場合にすすめたいのが、石組を基本にしたレイズドベッド式の庭。範囲が限られているので管理しやすく、見た目の感じもよい。

レイズドベッドというのは、四〇～五〇センチ程度の高さがある、植え床が高い花壇である。周囲を玉石《たまいし》やレンガ、化粧ブロック、丸太などで囲んで土を入れたもので、そこに庭木や草花を植える。

地面より高いので、土が乾燥しやすいのが難点だが、中に捨石を置くと、石が温度や湿度の調整をして水を引き寄せる。晴天続きで、土が白っぽくなってきたら水やりをすればいい。大きな植木鉢と考えればいいだろう。

［レイズドベッドのつくり方］

1 希望の形に三〇センチほど掘り下げて、大小のぐり石（形を選ばない石。強度が出る）や土を入れ、土の表面をしっかり踏みしめる。

2縁取りをレンガにする場合は、基礎用のモルタルを土の上に置いて、レンガ幅にコテで平らに伸ばし、この上にレンガを置いていく。目地ゴテで目地をモルタルで埋めていく。

3さらに、レンガの上にモルタルを置き、同じようにコテで平らに伸ばし、レンガを重ね、目地を埋める。

4縁ができたら、底に大小の捨石と土を入れ、その上に掘り返した土を入れ、さらに腐葉土《ふようど》、中和剤などを入れて土づくりをする。

低いレイズドベッドなら、モルタルを入れずに、レンガや石を交互に積み上げることもできる。丸太など木材で縁取りするとさらに手軽だ。

簡単な石積みの方法

壁面に沿って片面だけ石積みする方法と、両面ともに石積みしていく方法がある。

石積みというと、お城の石組をイメージして大変な作業のように思えるが、小さなものならそれほどでもない。このとき、石と石を密着させて積み上げるだけではなく、石の間に小石を埋め込んでもいいだろう。高さも、三〇～五〇センチくらいにして、持てるくらいの石を二～三段積めばいい。

また、石積みの前に立ったときに、奥まで手を伸ばして植物の世話ができるようにすることがポイントだ。植物は、石積みの中心に向かって根を伸ばす。また、強度が増すよう、大小のぐり石を石積みの中に入れるので、石が呼び水となり、案外、内部が乾燥して植物に悪影響を与えるということは少ない。

ただし、石積みの上部は日が当たるが、片面の北向きは日が当たらないので、北面は、日陰でも育つような植物を植えるようにするといい。

生垣を庭にしてみよう

最近、ふたたび生垣《いけがき》の需要が増している。緑が好まれるのはもちろんだが、地震対策としても見直されてきた。ただ、生垣は、枝葉が細かく密生していると美しいが、部分的に枝が朽ちて穴が開いたりするとみっともない。なんとなく家が傾きはじめている、という感じを受ける。

この場合、たいていは、周囲の枝を誘引して補修する。しかし、思い切って、この穴を小さな庭にしてみる方法もある。つまり、この部分に板を渡したり、枠をつくったりして、その中に、小さな鉢やトラフなどを置いてみる。トラフというのは、家畜に食べさせるための飼《か》い葉桶《ばおけ》のことだ。これを容器として、ミニガーデンをつくる。これをトラフガーデンという。植え込みの間の小さな花壇である。

あるいは、電気を引いてイルミネーションをはめ込んでみてもおもしろい。それとも、壁面に使用されるパネル式の植え床をはめ込んで、小花や種類の違うリーフ類を植え込んでみるのも楽しい。

ほころびた生垣もアイディアしだいで、いろいろと利用のしがいはある。

フェンスやラティスを庭にしよう

フェンス（金網などでできた柵）やラティス（格子状の仕切り板）を設置しておくだけでは、もったいない。フェンスやラティスで縁取りされて、狭い庭はますます狭く感じられる。しかし、これは立派な立体花壇になる。庭を平面でなく空間で考えるのだ。ツルバラ、ラズベリー、ムベなど、つる性の植物をはわせてみる。花だけでなく、花も実もなれば、もっと楽しい。それによって境界が見えなくなり、奥行きのある庭に見えてくる。

ただし、フェンスは、白いと目立つので、ダークグリーンやダークブラウンに塗って目立たなくさせ、ラティスも、植物に合わせて深みのある色に塗り直しておこう。ツルバラなど花が咲くものは、満艦飾《まんかんしょく》になって、うるさすぎないように、配色には注意しよう。そのほか、ハンギングバスケットを吊るしたり、ハンギングポットをかけたりしてもいいだろう。

この伝で、住宅の壁面もトレリス（つる性植物をからませる格子状の垣）などでカバーして、植物をからませると、立体ガーデンになる。

ブロック塀の代わりに四つ目垣をつくってみよう

ブロック塀ほど、いま、不評なものはない。あまりに無機的すぎる。そこで、ブロックにペンキを塗るとき、人の目が気になる外側には塗るが、ほんとうに大事な、庭を美しく見せ、家族の目を楽しませる内側には塗らないことが多い。それはつまらない。

もし、晴れた日に、なにもすることがないなら、ブロックの庭側を真っ白に、あるいは淡いベージュに塗ってみよう。庭木の緑や紅葉や、あるいは草花が映えて、それだけで庭の雰囲気は数段レベルアップする。

あるいは、あまり歓迎されないブロック塀は、いっそのこと取っ払って、代わりに四つ目垣をつくってみたらどうだろう。

四つ目垣は、背後が透けて見える透かし垣の代表で、茶庭《ちゃにわ》の外露地《そとろじ》から内露地に移るところにつくられ、仕切りの役目をしているが、それだけではなく、わびやさび、幽玄の世界を表現する巧みな技ともいえる。

きちんとした四角の目に透かしたデザインから、四つ目垣という。日本の透かし垣の基本といっていいだろう。竹は、マダケ、メダケ、モウソウチクなどの丸竹を使用。青竹は数年もつが、さらし竹は雨に弱い。高さは六〇～一二〇センチくらいである。

[四つ目垣のつくり方]

1 スギかヒノキの焼き丸太を親柱《おやばしら》、間柱《まばしら》として四～五本（垣根が二間なら間柱は二本、三間なら三本になる）用意する。胴縁《どうぶち》の竹は、垣根が二間なら長さ二間のものを四本、立て子《たこ》の竹は、垣根と同じ高さのものを、二間なら一三本を基本に用意。間が約三〇センチになる。

2 最初に、親柱を左右に立てる。丸太の末口（木の先端側）を上に、元口（木の根元側）を下にし、深さは、一八〇センチ

■四つ目垣

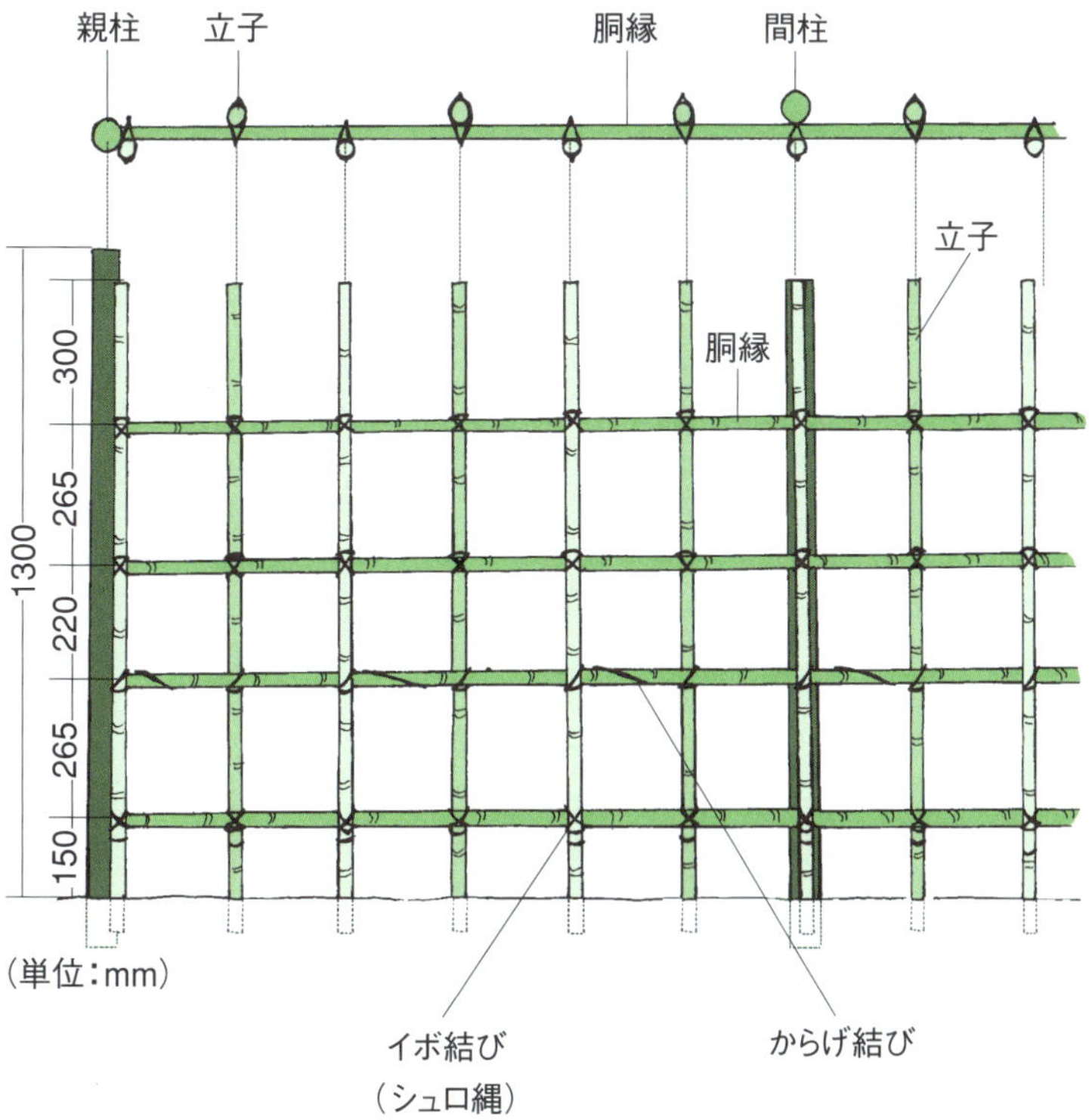
親柱
立子
胴縁
間柱
立子
胴縁
1300
300
265
220
265
150
（単位：mm）
イボ結び
（シュロ縄）
からげ結び

の丸太ならおよそ三分の一にあたる五〇センチの穴を掘り埋める。

3親柱の間に水糸を張る。

4間柱を立てる。間柱は立て子の高さと同じになるように、頭を親柱より下げて、水糸の高さは間柱の頭に合わせる。

5四段の胴縁を取りつける。親柱の取り付け部分は斜めに切り、きりで穴を開けて釘《くぎ》で打ちつける。胴縁は段ごとに、末口と元口が交互にくるようにする。

6立て子を立てる。末口は節《ふし》止めになるように切って、水糸の高さに合わせて、木《き》槌《づち》でたたいて立てる。等間隔に、胴縁の表、裏と交互に位置するように立てるのがポイントである。

7間柱と立て子、胴縁、そして胴縁と立て子との交点を、シュロ縄で結ぶ。この結び方はイボ結びにする。からげ結びにして、シュロ縄模様を楽しむこともできる。

四つ目垣だと、通りから家の中が丸見えで気になるというなら、プロに頼んで、御《み》簾《す》垣などのような遮蔽《しゃへい》垣をつくってもらってもいい。

袖垣で演出することもできる

目隠しや仕切りがほしいときは、袖垣《そでがき》で演出すると趣がある。半間ほどの、ちょうど、親柱から小袖を突き出したような形をしていることから、袖垣という。

その種類としては、細い竹を束ねた玉縁《たまぶち》が親柱から地面に向けて弧《こ》を描き、割竹が交差した光悦寺垣《こうえつじ》、割竹を縦横に組んだ建《けん》仁寺垣《にんじ》、雑木《ぞうもく》の枝を使用した柴垣などの伝統的なもののほかに、フェンスやトレリスを使った洋風の袖垣もある。

これを上手に利用することによって、庭に奥行きや広がりを出したりすることもできる。

とくに、透かし格子の袖垣（スクリーン）にツルバラなどのつる性の植物をはわせれば、袖垣そのものも、庭に早変わりである。同じく、パーゴラ（つる性植物をはわせる棚）やアーチにも、つる性植物をからませ、原型を見せないくらいに植物で覆えば、庭になる。

建物の壁面や屋上、ベランダを庭に改造しよう

地球は温暖化の傾向にあり、さらに都市部はヒートアイランド現象により、郊外よりも三～四度も気温が上昇している。

ところが、このヒートアイランド現象の歯止めに、植物がおおいに役立つ。東京・渋谷区の実験によれば、屋上に庭園をつくり、緑を繁茂させたところ、平均で三～四度近く、最高で八度近くも、気温の上昇が抑えられたという。

これは一例であるが、ほかにもこのような報告が相次ぎ、以降、屋上緑化や壁面緑化は地球温暖化防止に一役買う自然のクーラーとして、各地の条例にも盛り込まれる

ようになった。

では、なぜ、植物が冷却効果を発揮するのか。それは、植物の絶え間ない蒸散作用《じょうさんさよう》により、気化熱を奪って温度を下げるからだ。しかも、植物は二酸化炭素を吸収し、酸素を吐き出すので、空気の正常化に役立ち、そのうえ、色彩的にも緑はやすらぎを与えてくれる。加えて、冬場は、植物の呼吸作用で暖かい。

二〇〇五年の「愛・地球博」長久手《ながくて》会場の中央には、バイオラング（生物の肺）と名づけられた緑化壁が立てられ、評判を呼んだ。パネル内部に軽量土壌を入れたカセット式の壁面、外壁のタイルそのものに土壌機能をもたせた特殊セラミック壁面、パネルと植栽《しょくさい》ポケットとを一体にしたポケット壁面など、ハイテク造園技術も披露された。

もっとも、屋上庭園やベランダ庭園などは、もうすでに、日本造園組合連合の会員も目をつけ、展開しているが、今後こうした庭づくりは、より盛んになるのではないだろうか。

実際に、家を改装するときは、壁面を多孔質のセラミックの壁にして匍匐性の植物を植えたり、屋上やベランダに、鉢植えばかりでなく庭木などをもっと意識的に取り入れたりしてみるとおもしろい。こういう場所でも庭になる。庭はいたるところにできる。最近では、丸の内の工事現場などにも、植栽ポケットのついたパネルが使用されている。

工夫しだいで楽しい庭になる

光と影を楽しめる庭の工夫

一二月になると、丸の内や新宿一帯に取りつけられたイルミネーションはすばらしい。冬の間、葉が落ち、枝だけになった街路樹や公園の木々にもイルミネーションを巻きつけて、夕方五時過ぎ、暗闇が迫ってくると、丸の内ではオレンジ色の光が輝き、夜でも明るい、暖かい町に変貌する。新宿では青い光、ダイオードが幻想的な世界を演出する。とくに、二〇〇七年は光都東京・ライトピアと称したライトアップがすばらしかった。

六本木の東京ミッドタウンでも、二〇〇七年の年末、クリスマスイルミネーションを展開。華やかなオーロラをモチーフにし、時間とともにその色彩が変化する幻想的なきらめきの世界、教会をイメージしたステンドグラスから光がさしてくるような荘厳なイルミネーションと、江戸切子《えどきりこ》をモチーフにしたクリスマスツリーのイルミネーションの饗宴、樹木には五〇万球の暖色系のイルミネーションを装飾して星空を表現し、芝生に光のミルキーウェイを出現させるなどすばらしいもので、庭のデコレーションの参考にもなった。

ライトアップは、最近では、小さな庭のある都心部の家でも盛んだ。一二月に入ると、玄関から庭にかけて、素敵なイルミネーションが輝く。わざわざ外国から取り寄せなくても、日本でも楽しいものを求めることができるようになったのも大きい。

それも、豆電球がぶら下がってちかちか輝くものだけでなく、リボンや文字、サンタの顔などの形をしたものや、トナカイとソリが立体的に浮き出すものなど、いろいろな種類がある。

庭は、せっかく丹精を込めても、日中はよく目に映るが、夜になるとほとんど見えない。しかし、イルミネーションが輝くと、また別の庭の雰囲気を教えてくれる。もっとも、あまり凝りすぎると、イルミネーションの時期には、家の中を暗くして暮らすはめになったり、かなりの費用がかかることがあるそうだ。イルミネーションは、ネット販売や大手の園芸店の通販で購入できる。

イルミネーションはちょっと子どもっぽすぎる、というなら、夜の庭のライティングとしゃれてみよう。

庭に、足元灯や外灯を設けるのはよくやることだが、そうではなく、たとえば自分が気に入っている樹木のところにライトを埋め込んで、斜め下から樹木を照らし出したり、土壌の中からボーッと明かりが漏れ、樹木の陰と暗闇の対比で幽玄の世界を演出したり、一列にライトを埋めて、自慢の家を浮かび上がらせてみたり、いろいろなやり方が楽しめる。そのための器具も通販で購入できる。

薪能《たきぎのう》のように、薪は無理としても、キャンドルを使用する方法もあり、これは、やわらかい光がいっそう庭を幻想的なイメージで包んでくれる。だが、これは火事の心配もあり、都会では無理だろう。いずれにせよ、庭は昼だけでなく、夜も楽しむ工夫をしてみたい。

私のお客さんの一人は、バラの季節、夜にバラを鑑賞するガーデンパーティを開いている。甘いバラの香りと、ライトアップされて浮かび上がるバラの姿はすばらしく、そのうえ、おいしい料理に舌鼓を打ち、参加した人々は「これこそが至福のとき」という思いを強くするそうだ。

添景物はよいものを選ぶ

和の庭が見直されるとともに、地震に弱いといわれた灯籠《とうろう》なども、ふたたび好まれはじめている。地震で倒れない工夫のある灯籠も出てきた。ホームセンターなどでも、多くの灯籠を扱っている。

たいていは機械生産で、手ごろな値段で購入できるが、深みがない。灯籠のような添景物《てんけいぶつ》を庭に入れるときは、少々お金をかけても、よいものを選ぶことだ。

手ごろな機械生産のものでは、石の表面がつるつるしていて、自然の中に置いてもなかなかなじまない。かえって庭が安っぽく見え、やがて飽きがくる。

手づくりのよいものは、自然に溶け込んで、よい味を出す。時代を経れば経るほど価値も高まる。場合によっては、何代にもわたってアンティークとして残る可能性もある。

少々高価で、たとえ一〇〇万円の灯籠でも、三〇年楽しむなら一年三万三〇〇〇円で、一ヵ月三〇〇〇円弱ではないか。それで「いい庭だなあ」といい気分になれるなら、安いものではないだろうか。添景物は、手ごろなものよりは、ちょっと高価でも手づくりの本物を選びたい。

ガーデンファニチャーを置いてみよう

日本のガーデニングの成熟は、ガーデンファニチャーのセンスがアップしたことからも見てとれる。実際、欧米に行っても、いまは日本にあるようなものしか見当たらない。数年前とは大きな違いである。これなら、そろそろ庭に日本製のガーデンファニチャーを置いてもいいのではないだろうか。

木の下に椅子を置くだけでも、デッキチェア近くに置いたガーデンパラソルが日差しをさえぎるだけでも、生い茂る枝葉の合間からベンチの一部が垣間見られるだけでも、あるいは、テーブルに鉢植えとコーヒーカップがあるだけでも、庭のワンシーンとしては素敵だ。

さらには、日時計や郵便受け、陶製やテラコッタ（鉢）のプレートなどのガーデンアクセサリーで庭を演出してみよう。もう少し手をかけたいなら、壁泉《へきせん》や噴水、ミニハウスなどを日曜大工でつくることも可能だろう。庭はちょっとしたアイディアも受け入れてくれ、でき上がったときは少々違和感を覚えても、一年たって草木が茂ると、案外なじんできて、いい雰囲気を出してくれる。庭は、年数を重ねて完成するものなのである。

オンリーワンはハンドメイド

庭をつくるときに、ちょっと心がけておきたいことは、わが家にしかない樹木、わが家にしかない添景物、わが家にしかない庭の施設というように、オンリーワンをつくり出すことだ。

お客さんの一人は、庭に立ち水栓（水栓柱）を設けた。すぐに植物に水をやれるように、水道をひいたわけだが、これをちょっと工夫して、壁泉のようにしたのである。周囲をレンガで囲み、蛇口《じゃぐち》には真鍮《しんちゅう》のライオンの顔を取りつけた。ちょっとレトロな、いい雰囲気が庭に生まれた。以来、面倒だった庭の手入れが急に楽しくなった。蛇口をひねって水やりするのが、うれしくなったのである。

別のお客さんは、庭に陶器の丸い椅子と大きめの水鉢を置いた。水鉢には花を浮かべ、上にガラス板を乗せて、テーブル代わりに使用する。毎朝、そこでコーヒーを飲むのが習慣になった。夏は蚊がいるが、早朝なら蚊もまだ休んでいるのだろう。刺されることもない。椅子に座っている姿、通りから丸見えではあるけれど、わが家にしかない陶製の椅子は自慢である。草木に囲まれて、そこで憩《いこ》う自分の姿を好ましいと思っている。もっと庭に丹精込めたいと、庭づくりの意欲も湧いてきた。

オンリーワンは、ひそかに自尊心を満たしてくれる。

もったいない精神で上手にリサイクル

最近のガーデンコンテストでは、大事にしてきたものを、いつまでも手元において、たとえ欠けても、傷がついても、大切に使おうとする傾向が見られる。リサイクルの心である。

欠けてしまった大きな甕《かめ》を庭に半分埋めて、そこから水がこぼれ出して庭に流れをつくる、というようなストーリーを感じさせる使い方をしたり、朽ちたベンチを置いて、庭の歴史をそれとなく知らせるイメージを演出したり、苔むしたテラコッタ（鉢）にドラマが秘められているようなムードを高めたり、なかなかいいものである。

もともと庭づくりというのは、真新しいものを庭に取り入れるのではなく、自分たちが使用してきたものを利用したり、廃物を生き返らせたりして、わびやさび、幽玄の世界を表現してきた。

たとえば、灯籠が崩れたら、中台の部分を花台に利用したり、みそ甕を再利用し、その甕を穴に埋めて水琴窟《すいきんくつ》をつくったり、基礎の土台部分を手水鉢《ちょうずばち》に使用したり、木の根っこを庭のオーナメントにしたりするのは、お手のものだった。

京都の庭園でも、実際、古い建物の土台をしまっておいて、のちに、つくばいや飛石《とびいし》に使ったりしている。

腕のいい大工さんを見ていると、古い材木にカンナをかけて再利用したりするが、庭師も同じようなことをしている。樹木を取り木したり、挿し木したりしてふやすのも、落ち葉を腐葉土《ふようど》として利用するのも、みなリサイクルである。こういう精神をとことん学んで、庭づくりに生かしたい。

庭師に相談にのってもらおう

庭の管理はプロといっしょに

庭は管理が大切である。それには、管理しやすい庭にすることとだ。

第一に、木の数は少なめにすること。

第二に、時間をかけてゆっくり庭づくりをすること。庭は生長する。いい庭になるまで時間がかかる。草花中心の庭は生長するのに三〜四年、木中心の庭は五年が目安。そこまでは丁寧に庭木の管理をする必要がある。

第三が、プロのアイディアと力を借りること。せっかくつくっても、庭が一〜二年で荒れるという話をよく耳にする。それは、自分一人で背負い込むところに問題がある。時間をかけ、無理を重ね、腰を痛めて、ついにダウンしてしまうというわけだ。そこで、一人で背負い込まずに、庭師と自分で分業すればいい。これがいちばん大事なことだ。

庭の大枠（庭木の移植、園路や花壇づく

り、添景物《てんけいぶつ》の設置など）はプロの庭師とよく相談してまかせ、そのなかで、自分がかかわれる時間や生活スタイルを考えて、作業場所を確保する。毎日の世話は自分で行い、年に一〜二回、庭師に植木の手入れをしてもらう。あるいは生垣《いけがき》などの刈り込みは自分でやり、シンボルツリーはプロにまかせるようにする。

年金生活になって、庭にあまり費用がかけられないという場合には、庭木の本数を極力減らし、自分がどこまで管理できるかを考え、生活スタイルに合った庭づくりを相談してみよう。

実際、これからは年金生活だから、その前に、手のかからない庭にリガーデンしたい、三〇万円くらいで、きちんとした庭の枠組をつくれないだろうか、という相談はかなり多い。三〇万円は、奥さんが自分の判断で契約できる価格だそうだ。もちろん、三〇万円で庭はできる。二〇〇六年、私が住む佐賀県では、三〇万円でできる庭のガーデンショーを開催して、奥さんたちに人気だった。

この庭づくりにご主人の熱意が加わると、さらに五〇万円から一〇〇万円にはね上がり、きちんと庭を整えておきたいという意欲が強くなる。

ノーメンテナンスの木はないから、素人でもいじれる木を植え、自分で手を入れられる場所は自分で、手に負えない場所をプロにまかせるようにすれば、費用も前ほどかからないだろう。

「きれいになった」ではなく「すっきりした」がほめ言葉に

それにしても、木を剪定《せんてい》したあと、昔は、「きれいになりましたね」とほめてくれたが、いまは「すっきりした」「さっぱりした」「明るくなった」とほめてくれる。昔の人は、植木のことをよく知っていた。庭の管理の仕方も剪定の仕方もよく知っていた。だからキレイにしてくれたと思う。しかしいまは、見た目そのものをほめ言葉にする。

もっとも、「すっきりした」というのも正しいほめ言葉なのかもしれない。というのも、剪定の初心者は、たとえばサツキの玉ものを例にあげると、木を刈り込んで形だけ丸くする。中は込みあったまま、蒸れあったままだ。剪定しても、なんとなくすっきりしない。

しかし、プロは枝元から透かしながら樹形を整えていく。だから、丸くすっきりと明るく仕上がる。この小枝の抜き方に経験が生きてくる。初心者は、この木を切ったらバランスが崩れるのではないか、木をダメにしてしまうのではないか、と恐る恐るやる。バサッと勇気を持ってやれ、といいたいが、それは経験に裏打ちされないと無理だ。小枝を抜くとスカッとする、それを知っているのは、それができるのはプロなのである。

どんな小さな庭でも手を貸してくれる

なかには、こんなに狭く小さな庭に庭師は来てくれるのか、と心配する人がいる。心配は無用だ。庭師の多くは、親の仕事を継いできた人で、小さいときから植物に親しみ、庭が大好きで、庭の大きさには頓着《とんちゃく》しない。むしろ、多くの経験を積んで、庭づくりに、知恵と技術をもっている。どんなに小さな庭でも、こうしたら広く、奥行きのあるように見える、こういう樹木が適しているなど、知恵を貸してくれ、手を貸してくれるはずだ。各地でガーデンショーが開かれている。こういうところを見ながら、気に入った庭師を探してみよう。

小出しに依頼すると高くつく

庭師に依頼するときに、気になるのはやっぱり費用である。庭の費用は、かけようと思えばいくらでもかけられる。苗一本にしても数千円、成木《せいぼく》となると、一般には数万円から数十万円もする。庭に、家を建てるのと同じくらいの費用をかける人もいる。

したがって、依頼するときは、こういうイメージの、こういうデザインの庭を、このくらいの費用でつくりたいと、最初に費用を提示して相談を持ちかけるといい。ただし、庭のイメージはなかなか伝えにくいところがある。洋風の庭といっても、素材の使い方一つで違った印象の庭になる。同じ素材でも、和を洋に変化させることも可能だ。

　そこで、とくに取り決めておきたいことは、自分がこだわりたいところをはっきりさせる、イメージが湧かないならプロに全部まかせ、口出しをしない。いまある材料で生かしたいものがあれば、それをあげて希望を話しあってみよう。

　さらに、家族の意見を統一しておくことが望ましいが、まとめられない場合には、夫はこうしたい、妻はこうしたいというように、庭師に状況をよく伝えることだ。

　それをもとに庭を設計してもらおう。プランが出来上がったら、かならず見積書を出してもらう。

　この場合、費用節約のために、こま切れに注文していると、かえって高くつくことがある。依頼する場合は、まとめて一度にするほうが、結果的に安くてすむ。

　ただし、庭は生き物で、庭のデザインができても、完成の五〇パーセントが明確になっただけだ。庭づくりをしているうちに、予測もつかないことが生じ、デザイン通りの石や樹木が手に入らずに、デザインを微調整することも出てくる。

　そのためにも、庭をデザインする人と庭をつくる人は、同じほうがいい。変更があっても、すぐに対処できるからだ。しかしながら庭のほんとうの完成は、樹木を植えて五年後である。

5章

庭木を植えてみよう

小さな庭に合う、扱いやすい庭木を選ぼう

温暖化している日本

日本は南北に長い列島なので、庭に適した木の種類は地域によって異なる。

寒い地域では、シラカンバ、カラマツ、シャクナゲ、トドマツ、ブナなどの木の生育がよく、暖かい地域では、クスノキ、サザンカ、シイノキ、シュロ、モチノキ、モッコク、ヤマモモなどがむいている。

温暖なところに適した木を寒冷な地域に植えると、その木は十分に生育せず、枯れてしまう。木は、その地域の気候に合った、あるいはその地域でよく育っている木を植えれば、緑もあざやかに、いきいきと生長する。

木を選ぶときは、木が無理せず素直に生長できるように、適性に合ったものを選ぶことが大切である。

ところが、最近、地球の温暖化により、いままで、暖かい地方でしか育たなかった木が、寒い地方でも育つようになった。

たとえば、オリーブ。これは地中海のような暖かい地域でないとうまく栽培できない。瀬戸内海の小豆島《しょうどしま》でオリーブの栽培が成功したのは、小豆島が地中海の気候に近かったからである。

ところが最近、このオリーブが東京でもよく育つようになった。東京の郊外、高尾あたりでもよく育っている。銀色の葉が風に揺れて美しく、洋風の庭づくり、ベランダ園芸には欠かせない木になった。

イヌマキも同じだ。寒いところでは育ちにくい木といわれていたのが、いまでは福島あたりでもよく育つ。

また、最近は東京でシュロがやたらに目立ちはじめ、南国ムードになっている庭もある。シュロの実生《みしょう》が北上している。

同じくタケもやたらに多い。山などは、タケ山になるのではと思うほどだ。タケは、根はよく広がって張るので地震には強いが、根が浅いので、地滑りの原因になる。大雨で山が崩れることもある。災害との関連も考えておく必要がある。

逆に、生長が早く見栄えがするというので、一時、大変な人気だったコニファー類が、ここ一～二年、葉が真っ赤になって倒れそうになっているのをよく見かける。下っ葉が茶色で、頭だけちょこっと緑をつけている。根が浅いのでよけいみすぼらしい。針葉樹は摂氏二五度以上が続く地域ではもたないといわれたが、温暖化と、かつ夏、夜の気温が下がらないのが問題だ。ダニの発生もひどい。そのなかで、比較的いい状態に保たれているのが、ニオイヒバといわれるシルバー系のコニファー。コニファーを植えたいという家庭には、シルバーリーフのニオイヒバをすすめている。

コニファー以外にも、ナツツバキも東京では育ちが悪くなった。昔から西向きや南向きの庭に植えるものではないといわれた。高原の木だから、涼しければいいが、近ごろの暑さと乾燥とで、まいってしまったのだろう。ただしヒメシャラは暑さには強く、最近、主木《しゅぼく》として人気がある。

東京は、ちょうど寒冷と温暖の分岐点にあり、そのことも手伝って、植物の生長の仕方で、温暖化の状態が手に取るようにわかる。庭づくりを楽しむ側から見れば、いままで以上に植えられる木の範囲がふえているのは喜ばしいことだ。しかし、同時に、自然の異常事態を危惧《きぐ》せずにいられない。

いずれにせよ、庭木選びは、ご近所を見渡して、美しい姿を見せている木を選ぶといい。これは、その木がその地域の土壌や空気に合っているということであり、わが庭に植えても健全な生長を示してくれる。

ハナミズキは人気だが、かげりが見える

ハナミズキは、花よし紅葉よしというので、人気があった。東京郊外や奥多摩地域では街路樹として用いられ、東京中がハナミズキ、といわれるくらい多くの家庭で植えた。

ところが、最近は、このハナミズキをどうにかしてくれ、抜いてくれという相談が多い。あまりに多くて、飽きられたということもあるだろう。また、庭の広さにくらべて、この木は伸びて広がりすぎる。庭を

圧迫するようになる。しかも、ひと回り、ふた回り大きくならないと紅葉の美しさが出ない。広がるからといって枝を詰めると、今度は花が咲かなくなる。紅葉も見られなくなる。花は枝先に咲くからである。自然な姿を手入れで保つのは、なかなかむずかしい。

梅雨にはうどん粉病にもかかりやすくなった。これは温暖化が関係しているだろう。病気で枯れかけているハナミズキも、昨今は東京でよく見る。ただし最近は、小さくて、花をたくさんつけるような品種が出てきた。ハナミズキ「サンセット」などは、ハナミズキ神話が崩れたといわれるいまも、人気が高い。

最近は、株立ちのやさしさが好まれる

好まれる木も、時代や環境の変化とともに変わっていく。三〇年くらい前までは、モチノキ、モッコクなどの常緑樹が主木として好まれた。いま、モチノキやモッコクを植える人はめったにいない。これらの木は本来、庭づくりに必要な木だった。それだけで庭が引き締まった。が、むしろいまは、落葉樹が好まれ、それも株立ちのやさしさが求められている。

シンボルツリーとしては、落葉樹の株立ちのヤマボウシ、サンシュユ、アカバナエゴノキ、卵形の樹形になるヒメシャラ、常緑樹ではトキワマンサク、ソヨゴなどが人気だ。

アカバナエゴノキは、小さなときからまとまり、枝葉がやわらかくてやさしい。ほとんど切る必要がない。へたに切ると、まとまりが悪くなり、不恰好になる。小ぶりな苗を植えて、二〜三年、形がつくまで放っておけばいい。

ヒメシャラも、成木《せいぼく》ではなく苗を、五年先を楽しみに植えるといい。

トキワマンサクには、白とピンクの花がある。葉は緑色と赤っぽいものとがある。これは、伸びがよく、根づきやすい。生垣《いけがき》樹にむいているが、シンボルツリーにも合う。

ソヨゴは葉がよれていて、風が吹くとさわさわと音を立てる。雌雄一対を株立ちにして、赤い実を楽しむ。一本だけだと、ハチの受粉に頼らなければならず、実がなるのは、ちょっとむずかしい。

概して、昔は、常緑樹が七に対して、落葉樹を三の割合で庭に植えたが、いまは逆転して、常緑樹三に対し、落葉樹七の割合で植える。

もっとも、いつの時代にも好まれてきた木がある。サルスベリである。夏、花が少ない時期、うだるような暑さの中で、長期間咲くのがいい。

植物には日光エネルギーが必要だが

なんといっても木は日光が好きだ。昔、理科の教科書で習ったように、植物は、吸収した二酸化炭素と水に、日光エネルギーを使って葉緑体で光合成を行い、でんぷんをつくり出して木の生長を促している。日光がなければ植物は生育しない。

しかし、木には、十分に日光が当たらなければ生育しないものと、日光は必要だが日陰でも育つもの、あるいは、日が十分に当たりすぎるとダメージを受けるものとがある。この日当たりを好む木を「陽樹」、日陰を好むものを「陰樹」、その中間のものを「中陽樹」という。

わが庭をざっと眺めたときに、庭には日なたと日陰がある。夏でも冬でも日の当たる場所、冬は当たるが夏は当たらない場所、年中日の当たらない場所がある。この日当たりを考えて、木を植えよう。年中日当たりがいい場所には陽樹、年中日が当たらない場所には陰樹である。以下に一例をあげておこう。

【陽樹】 アカマツ、クロマツ、イチョウ、ウメ、カイドウ、ハギ、バラ、ヤナギ、レンギョウなど。
【陰樹】 アオキ、キャラボク、クチナシ、サザンカ、サツキ、シラカシ、ジンチョウゲ、ツバキ、ネズミモチ、ヒイラギ、マンリョウ、モッコク、ヤツデ、ヤマモモなど。
【中陽樹】 カエデ、カツラ、コブシ、ニシキギ、モクセイ、モクレン、ヤマブキ、ユキヤナギ、ユズリハなど。

小さな庭をすっきりとさせる木

木の効用がいわれるいま、森林浴が楽しめるくらい庭を木で覆いたい、四季折々にたくさんの花や実をつける木を楽しみたい、という人が少なくない。都会の小さな庭に緑をふんだんに植えて、ジャングルのようにしたい、という気持ちは、わからなくもない。

しかし、一般に、木の本数が多すぎるというのが、われわれ庭師仲間の感想だ。これでは木がかわいそう。精いっぱい枝葉を伸ばせないし、その木のよさを鑑賞してもらえない。木は、一坪に一～三本くらいの割合で十分だ。

同時に、夏は日差しを覆ってくれ、冬は日なたを確保できるような木を選ぶといい。木には、ご存知のように、大きく分けると、常緑樹と落葉樹とがある。常緑樹は、一年中緑の葉をつけている木、落葉樹は春に葉《は》芽《め》をつけ、冬に落葉する木である。常緑樹は、門冠り《もんかぶ》（131頁参照）や門扉の横、主木、そして垣根など、庭という舞台の枠組づくりに。一方、落葉樹は、主木に添えて、新芽、緑葉、紅葉、落葉というように、季節ごとに変化する葉や裸木の美しさを味わうために、植栽《しょくさい》する。

とくに、庭が狭く、家の周囲に樹木を植えるとうっとうしい、というときには、落葉樹を多めに取り入れて、雑木林《ぞうきばやし》風の庭にする。夏は涼しく、冬は暖かく、庭がすっきりとまとまる。

品種にこだわってみる

いまは個性を大事にする時代だ。小さな庭にはたくさんの木を植えることはできないので、個性的な植物を選んで、「わが家の木」を大切にしたい。個性的な植物というのは、めずらしい植物ということもあるが、平凡でもいい、その品種にこだわってみよう。

たとえば、主木として好まれるヤマボウシも、常緑のヒマラヤヤマボウシのほかに、冬に赤銅色の葉に変化するガビサンヤマボウシ、アカバナのヤマボウシ「里美」、白い大きな花をつけるヤマボウシ「ミルキーウェイ」などいろいろな品種がある。この品種の異なるヤマボウシを集めて植えてみる。

アジサイならライムグリーンからホワイトに変化するアメリカアジサイ「アナベル」、トリカラー（緑・黄・白の三色）の葉が楽しめるアジサイ「レモンウェーブ」、タワー状に花が咲くピラミッドアジサイ、つる性のツルアジサイ、ボリュームたっぷりのカシワバアジサイ、素朴なヤマアジサイなどを集めてもいい。

品種にこだわれば、小さな庭でも「○○さんの庭のアジサイ」などといわれるようになる。そう名づけられれば、庭いじりにも熱が入るというものだ。

最近、注文が多いのは、見て楽しむ木ではなく、花が咲く木、食べて楽しむ木だ。「これ花が咲くの？　すぐ花が咲く？　実もなるの？」と、よく聞かれる。「どの木も花が咲きますよ」というと、怪訝《けげん》な顔をされる。花が咲かない木はない。実もなる。ただ、花が咲かないように見えるのは、目立たないだけだ。

花が美しいのをとくに花木《かぼく》というが、どの木も花は咲くのである。じつは、木によっては雌雄が分かれていて、二本なければ実がならないものもあるので、実のないものはある。しかし、チョウやハチがいれば、あるいは風が吹けば、一本でも実がなることがある。いずれにしても、そういう実用的な木が好まれる。

花木のローテーション

花は、春から初夏にかけてが真っ盛りであるが、幸いにして、冬でも真夏でも、花をつける花木がある。花暦をつくって、好きな花木を植えてみよう。花木だけでも品種を選べば、一年中花は途切れない。

冬に花を咲かせる木の代表は、ツバキとサザンカである。

ツバキは、とくに茶花の代表種で、一重の「侘助《わびすけ》」が人気だ。赤、白のほかピンクもあり、一二月ころから開花する。品種によっては一〇月ころから咲くものもある。西王母《せいおうぼ》がそれだ。サザンカも赤、白、ピンクなどの花があり、一〇月の末ころから次次に花をつける。ソシンロウバイは、一月ころになるとうつむき加減に黄花が咲き、よい香りを放ち、二月ころまで、冬枯れの庭に色を添える。

二月には、ウメ、エリカが咲きはじめる。**三月**の声を聞くや、ジンチョウゲ、コブシが花をつけて春を知らせる。トサミズキ、ユキヤナギ、レンギョウもこの時期の花である。

春を告げる木、ウメは香りがよく、枝ぶりも見事で、ハクバイ（白梅）、コウバイ（紅梅）、シダレウメ、一重、八重など品種が多い。植え場所に合わせて枝を切り詰めることもできるので、庭木として見直したい花木だ。エリカは花色、葉色とも種類が多く、高さは二〇センチほどで地にはうように生長するので、庭をキャンパスに、絵を描いているようだ。半円形の樹幹をつくるジンチョウゲは香り高いのがうれしい。しおれるように咲くコブシの花にも香りがある。樹形いっぱいに、かんざしのように淡い黄色の小花をつけるトサミズキ、大きく彎曲《わんきょく》してしなやかに垂れるユキヤナギは、葉が出るか出ないかのときに白い小さな花を散形状につけ、レンギョウも黄色い小花を咲かせ、庭は陽気なにぎわいを見せる。

四月になれば、カイドウ、ハナズオウ、フジ、モクレン、ハナミズキなどが花を咲かせ、花盛りの庭になる。この時期を楽しみたくて、サクラを一本、植えているお宅もあり、ここで花見をするのが何よりの楽しみと聞く。淡い紅色の花が垂れ下がるカイドウ、紅色の小花が群がって咲くハナズオウ、棚に気品のある姿を下げるフジ、紅紫や白の花をつけるモクレンやハナミズキなど、どの花も捨てがたい。

五月には、ウツギ、エゴノキ、バラ、ボタン、カルミア、サツキ、ツツジ、シャリンバイが開花する。

別名・卯《う》の花《はな》と呼ばれ、野趣に富んだ淡いピンクや白い花をつけるウツギ、近頃人気の、白や淡い紅色の小花をつけるエゴノキ、花の色、香りともすばらしいバラやボタン、白や紅、ピンクの小花が枝先にまとまって咲くカルミア、種類は多く、品種を集めるだけで立派な庭が完成するサツキやツツジ、ウメに似た小花をつけるシャリンバイなど、この時期の花木は多い。

六月になれば、緑がいっそうあざやかになる中に、アジサイ、キンシバイ、クチナシなどが花開く。カシワバアジサイ・アメリカアジサイ・ツルアジサイなど花色は多く、花の咲き方も変化に富むアジサイは、このところ人気が復活してきた花である。枝が下垂《かすい》してその枝先に黄色い花をつけるキンシバイは、樹形の美しさでも人気を集めている。クチナシは、八重の花より、ひっそりと香りを放ち清楚に咲く一重の花に人気が集まっている。

七月から**八月**にかけて、庭はうっそうとする。草花は葉だけを伸ばし、花木も花の終わりを告げるが、この時期に咲き誇るのがキョウチクトウ、サルスベリ、ノウゼンカズラである。球状の樹形の枝先に、赤、白、ピンク、黄色の小花をつけ、炎天下に咲くキョウチクトウ、同じ花色の、とくに赤褐色の木肌が独特なサルスベリ、オレンジ色の花をつけ壁面や立体花壇に適した、つる性のノウゼンカズラ。これらの花によって、真夏の庭の美しさは救われる。

九月も花の少ない時期だが、フヨウ、ブッドレア、ムクゲなどがある。

一〇月にはキンモクセイや、バラなどの四季咲きの花が、もう一度その姿を楽しませてくれる。秋が深まるまで白やピンクの大輪の花を咲かせるフヨウ、強い香りがあり、枝先に房状に花をつけるブッドレア、直立型の樹形に花を咲かせ、一重には名花といわれる花もあるムクゲ、香りがすばらしいキンモクセイなど、風情を感じさせる。しかし、秋は花もさることながら、実が楽しみな時期でもある。センリョウ、マンリョウ、ナンテン、ニシキギ、ピラカンサ、ムラサキシキブなどの実ものも植えておきたい。

香りを楽しむ木

花木は、いずれもかすかに香りが漂い、花色といっしょになって、庭を華やかにしてくれる。かつては、香りの強い木は、トイレの前などの目隠しに植えることが多かったが、いまは水洗トイレとなり、その必要もなくなった。それなら、これらの花をもっと前面に出してきて、香りを楽しむ庭を演出してもよいのではないだろうか。訪問したとき、そこはかとなく漂う花の香りに出会うと、気持ちよく迎えてくれているという感じがして、うれしいものだ。これは、その家の好ましい生活の匂いでもある。

芳香を楽しめる花木としては、早春に咲くウメ、ソシンロウバイ、春に咲くジンチョウゲ、ハクモクレン、バラ、ボタン、ミツマタ、ミモザアカシア、ライラック、初夏に咲くクチナシ、トウオガタマ、ニオイバンマツリ、秋に咲くキンモクセイ、ブッドレアなどがあり、そのほか、ニオイヒバなど、葉の香りを楽しむ木もある。

なお、シナマンサクは中国産のマンサクで、香りが漂う花は大きく、ねじれた感じの花弁が美しい。ハクモクレンも大きな白い花をつけて、あでやかな香りを放つ。ボタンは赤、白、黄、ピンクなどの花をつけ、開花時期には、むせ返るような花香が庭に漂う。ミツマタは枝先から新枝が三つに分かれ、赤や黄の毬《まり》のような小花がついて、甘い匂いを放つ。黄色い小花がまとまって咲くミモザアカシアも、甘い匂いを放ちながら、都会の空を明るくする。トウオガタマはバナナのような強い香りがし、ニオイバンマツリはとくに夜間に強い香りを発散させる。しかも、咲きはじめは紫で、しだいに花色が白に変わるので、一つの株に二色の花が咲いているように見える。

樹形や根張り、幹を楽しむ木

木は、緑を楽しむだけではない。木の姿や根の張り方、幹の形や肌、色などを楽しむこともできる。木の姿を樹形、根の張り方を根張りという。美しい樹形や根張り、幹は、その木一本だけでも絵になり、庭を構成することができる。

いずれも、木のもともとの性質に、剪定《せんてい》などの手を少し加えるだけで、年月がたつにつれ、樹形や根張り、幹のすばらしさが際立《きわだ》ってくる。

「**樹形が美しい木**」としては、常緑樹では、アカマツ、クロマツが代表。ほかに、カイヅカイブキ、カナメモチ、キンモクセイ、ヒバ、モッコク、ラカンマキなどがある。落葉樹では、イチョウ、ウメ、コブシ、サルスベリ、ハナミズキ、ヒメシャラ、モクレン、モミジなどがあげられる。

「**根張りの美しい木**」としては、常緑樹では、アカマツ、クロマツ、コブシ、モチノキ、モッコク、ヤマモモなどがあり、落葉樹ではイチョウ、ウメ、モミジなどがあげられる。

幹はまっすぐに伸びた直幹形と、曲がりくねった曲幹形とがある。「**直幹形で幹のすばらしい木**」に、針葉樹のニオイヒバや、落葉樹のアオギリ、イチョウ、トチノキがあり、「**曲幹形**」では、常緑樹のアカマツ、クロマツ、ゴヨウマツ、イヌツゲ、キャラボク、落葉樹のウメ、サクラ、サルスベリ、モミジがある。

「**木肌が美しい木**」には、アオギリ、アカマツ、クロマツ、クロモジ、コブシ、サルスベリ、ナツツバキ、ハナミズキ、ヒメシャラがあげられる。

このような老木に、添景物《てんけいぶつ》や石を組みあわせるだけで、日本的な心、わびさびを味わうこともできる。観賞用の木として楽しみたい。

葉を楽しむ木

木の緑、とひと口にいっても、その色は単一ではない。あざやかな緑、深い緑などがあり、ほかに、斑《ふ》入り、銀色、赤、黄などの葉の色がある。こうした葉の美しさを味わうことができるのも、樹木ならではの楽しみだ。

「**あざやかな緑を楽しむ木**」としては、常緑樹ではカイヅカイブキ、ドウダンツツジ、落葉樹ではアジサイ、ウメ、トチノキ、ハナミズキ、モモ。深い緑には、イヌツゲ、キャラボク、クロマツ、ジンチョウゲ、ヒサカキ、モッコクなどがある。

「**斑入りの葉を楽しむ木**」には、アオキ、アベリア、ミズキ、ヤマボウシ、「**銀色の葉を楽しむ木**」には、オリーブ、コニファー、「**赤い葉の葉を楽しむ木**」には、アメリカハナズオウ、シャシャンボ、スモークツリー、ベニバナトキワマンサク、「**紅葉の美しい木**」には、イチョウ、モミジ、トウカエデ、ドウダンツツジ、ナツヅタ、ナナカマド、ハナミズキなどがある。

葉の形にも注目してほしい。マツやヒバ、コニファーを代表とする針葉樹は、葉からの蒸散《じょうさん》を最少にする小さな葉をしているが、広葉樹の葉の形はさまざまである。葉の形を楽しむなら広葉樹だろう。

ツバキやロウバイのように、楕円形で縁が単線の厚手の葉。アオキ、カシワのように、楕円形で縁がのこぎり型の葉。ミヤママタタビ、シラカンバやツルウメモドキのような、ハート型の葉。モミジやカエデのように、切れ込みが入って掌《てのひら》のような形をした葉。キハダやタラノキ、コムラサキ、ナンテンのように、小葉が複数ついて羽のようになったものなど、種類の多さに驚く。ナチュラルガーデンの下草としても最近は親しまれるシダ類の、のこぎり状の葉も美しい。袋状になったウツボカズラの葉など食虫植物の葉は、いろいろな形に変形していておもしろい。

新緑のころと紅葉のころはとくに美しく、いろいろな葉の緑を重ねることで、庭に奥行きと広がりも生まれる。

植栽する場所に合った庭木を選ぼう

目的や場所を考えて庭木を選ぶと管理しやすい

庭のどの場所に、どんな種類の木を植えるかについては、決まりがあるわけではない。しかし、植栽《しょくさい》後の見栄えや管理の問題を考えると、その場所に合った、目的を達するに都合のいい庭木というのが考えられる。たとえば、垣根には、生長力がよすぎてこまめに剪定《せんてい》しないと形が崩れるような庭木だと、庭がうっそうとしやすく、管理に手間がかかってくる。これを避けるには、強く剪定すれば、ある程度樹形を保つような庭木がふさわしい。こういうことを考えながら、その場に合った庭木を選ぶことが大事だ。

門まわりの庭木

門はその家の顔であり、表札のようなものだ。門扉だけを設ける家も少なくないが、樹木が門扉にかかるように植栽することもある。これを門冠《もんかぶ》りの木という。役木《やくぎ》（132頁参照）の一つである。この門冠りには、アカマツ、クロマツ、ラカンマキ、ヒメシャラなど、樹形や木肌の美しい常緑樹を選ぶことが多い。

また、門が奥まっているときは、門の横にスペースが生まれる。ここは門庭といい、お客様が訪れたときに、ほっと心を和ませるような樹木を植え、ウエルカムプランツとするといいだろう。ここには、刈り込んで、玉ものなどに仕立てるといい樹木、イヌツゲ、キャラボク、ジンチョウゲ、ドウダンツツジ、クマザサがおすすめだ。

さらに、門から玄関にいたる前庭（エントランス）には、主庭につながるような木を数本選んで、灌木（低木）を中心に、すっきりと落ち着いた雰囲気を出すように工夫したいものだ。

よく使用する木としては、和風の前庭なら、アオキ、アカマツ、クロマツ、キャラボク、シャリンバイ、ジンチョウゲ、ツバキ、ツツジ、モクセイなどの常緑樹、アジサイ、サルスベリ、シモツケ、モミジ、ユキヤナギなどの落葉樹、洋風の前庭ならカイヅカイブキ、コノテガシワ、ニオイヒバなどの常緑樹、ツツジなどの落葉樹を植栽する。

主庭の庭木選び

お客様にお見せすると同時に、家族も楽しめる庭。和風の場合は、庭の一等地には、常緑樹で鑑賞にたえる木を植えることになる。おもに使用するのは、アカマツ、クロマツ、イトヒバ、モクセイ、ヤマモモなど。洋風の場合は、刈り込みのできる庭木と、自然木とを組みあわせると変化が生まれる。庭木としては、カイヅカイブキ、ツバキ、モクセイ、モッコクなど整った形を保てるもの。イヌツゲ、キャラボク、ジンチョウゲ、ツツジなどの刈り込みしやすいもの。サルスベリ、シラカンバ、ヒメシャラ、モミジなどの自然木などが使用される。

一方、中庭の場合は、四方が建物の壁に囲まれるので、日陰でも育つような庭木を中心に選ぶ。ごてごてと植えるより、数本植えて、下草や石などと組みあわせるといい。庭木としては、アオキ、アセビ、センリョウ、マンリョウ、ヒイラギ、タケなどを用いることが多い。

そのほか、キッチンまわりの庭木には、サンショウ、ユズなど料理に使用するものを植えておくと便利だ。

垣根に使用する庭木選び

ブロック塀ほど無味乾燥なものはない。しかも、ブロックやコンクリートにすると、あとでつぶしがきかない。塀なら生垣《いけがき》をすすめる。いまあるブロック塀を取り払って、葉や花がきれいな木を植えて、庭のように楽しむのである。風が抜け、四季が反映される。場合によっては、ところどころ、風穴を開けるのもおもしろい。小さな庭ほど、中に植えられている木は蒸れるので、生垣にして風穴を開けてやると、庭がよみがえる。

生垣というと、とくに羽振《はぶ》りのよい家で

は、目隠しをしてほしい、二階の窓まで届くような高い目隠しをつくってほしいという。のぞかれたくない、防犯が大事だというわけだ。三～四メートルもある高い生垣は、ほこりよけとして、また目隠しとして、もってこいではある。だが、前にも話したように、高い塀は、かえって防犯面で心配だ。身を隠す場所ともなり、泥棒に入られるケースが多い。

逆に、若い人は目隠しを切ってほしいという。二世帯住宅になったお宅では、目隠しを切ってほしい、間の木を抜いて、すっきりさせてほしいという注文がふえている。

最近は、高さのあるものより、低い生垣のほうが、常に人の目があり、身を隠すところがないので泥棒が侵入しにくく、防犯上安全といわれる。オープンフロントガーデン風にする傾向がある。

余談だが、防犯を目的にするなら、砂利や軽石を敷き詰めるといい。軽石は歩くと「キュッキュッ」と音がする。イヌやネコが歩いても音がする。泥棒よけには、生垣を低めにして軽石を敷き詰めることだ。

生垣に使用する木には、イヌツゲ、キャラボク、クチナシ、サザンカ、ジンチョウゲ、ツツジ、トキワマンサク、ピラカンサなどの常緑樹、シモツケ、ユキヤナギ、レンギョウなど、花がきれいな落葉樹があげられる。四つ目垣やフェンスなどに、つる性植物やツルバラなどをからませるのもきれいだ。

なかでもすすめたいのが、トキワマンサクである。トキワマンサクは伸びがよく、花も葉も変化して、季節を感じさせてくれるのがいい。まめに刈り上げて整える必要があるが、定年後なら時間もゆったりと流れ、木を刈るという作業は、気持ちをなごやかにしてくれる。

一冊の樹木事典をかたわらに

木の名前はなかなか覚えられない。サクラくらいは知っているつもりでも、幹肌の独特の模様が確認できなくて、花の季節でないと、これはサクラなのだろうか、桜並木といっていいのだろうかなどと、大いに迷う。いまさら恥はかきたくない。

それだけではない。木の名前を知っていると、なにか一つ、得をしたような気分になり、木に対する関心ももっと高まる。親近感も湧く。朝、晩、木を眺めたくなる。いままで、詩歌や小説に出てきた木と結びついて、あ、こういう風景だったんだ、と改めて感動したりする。新たに庭づくりをするときでも、こんな木がほしいというときでも、イメージでなく、名前で指定できるのもうれしい。

かたわらに、一冊の樹木事典を用意しよう。時間が許すかぎり、それを持って近所を歩き回り、照合してみよう。なんと多くの木が私たちのまわりにはあることか。

庭木の植え替えは、春先か秋口

園芸店や種苗会社の通信販売で購入

草花は、近くの園芸店で購入できるが、庭木の苗となると、扱っている園芸店は少なく、どこで手に入れたらいいかわからない、という人が多い。

少し前までなら、都市部でも、三月ころの春祭りや、九〜一〇月ころの秋祭りに開かれる縁日に植木市が立ち、そこで庭木の選び方や育て方の知恵を教わりながら、購入したものだ。しかし、この縁日に植木市が立つことはめっきり少なくなった。デパートの園芸品売り場で植木を扱っているところもあるが、その数は減っている。マンションがふえ、庭のある家庭が少なくなったからだろう。

それでも郊外に住む人は、大型園芸店や、ホームセンターなどで求めることができる。需要が多いせいか、ホームセンターの園芸売り場の占有面積は案外広い。

われわれ庭師も、ときにホームセンターをのぞくことがある。材料屋よりも早く、新しい品種が出ている。庭木としてはやっかいな、リンゴなどの実ものを扱っているところも多い。ホームセンターを二〜三軒回ってみれば、おもしろい品種やいいものが手に入る。

しかも、ここの「ころがし」（ころがすように置いてある苗）は案外丈夫な苗だ。というのも、仕入れてそのまま置きっぱなしにしてあるので、ホームセンターに残っている木は、自然淘汰《とうた》されて、丈夫な木だけが生き抜いて販売される。もちろん、材料屋や植木市の植木には、しっかりしたいいものがあるが、素人では、木だけを見てもわからない。

大型園芸店の場合は、扱う植木の品種が違ってくる。モダンな品種も多い。その点をくらべてみるといいだろう。

都市部に住む人は、郊外まで車で買いにいく方法もあるが、種苗《しゅびょう》会社の通信販売を利用すると便利だ。

通信販売は、種苗会社に問いあわせれば、カタログが送られてくるので、木の大きさや花の色などをチェックして申し込む。実物を見ることができないのは残念だ。また、写真と実際は異なるが、これは、実物を見たにしても、苗だけから将来を予測することはできない。育て方によって、庭木はどのようにでも変化すると考えれば、問題はない。ただし、信用ある業者の通信販売を利用するに限る。

成木《せいぼく》の場合は、大型園芸店などに注文する方法もあるが、庭師とのつきあいがあれば、庭師に依頼したり、庭師に紹介してもらって、植木の生産地に出かけたりする方法もある。

なお、一般に、苗木や成木の植えつけ時期を考えると、常緑樹は生長期で新しい環境になじみやすい春先に、落葉樹は葉が落ちて移植するのに負担がない秋に、購入して植えるといいだろう。真夏や厳寒期は避けたい。

苗木の選び方、成木の選び方

園芸店やホームセンターでは、直接、苗木を見て選ぶことになる。

一般的な苗木の選び方は、

1 幹が太めでずんぐりしている。

2 木肌や葉につやがあり、はちきれそうに充実している。

3 ざっと見たときに、葉や枝に傷や、病虫害によるトラブルがない。

4 細根が多い。

5 根の部分を指先でほじってみて、細い白根が出ている。

6 庭木をゆすってみたときに、根にしっかり土がついている。これは根にほどよく湿気がまわった、よい苗木である。まちがっても、途中で根が切れていたり、細根がなかったり、根がかたよってバランスが悪いものは避けたい。

とはいえ、いまは、根はビニールなどで巻かれているので、細根の状態まではわからない。この点は、業者にたずねるよりほかないだろう。数本を自分で選んで、このなかでどれがいいか、と聞いてみよう。そのときに、主木《しゅぼく》か添え木か門冠《もんかぶ》りか、垣根かなど、庭木を植える目的や用途、日当たりや土の条件などを話し、植えたあとの管理についてもたずねておくと、それにふさわしい木を選んでもらえる。

もっとも、成木は苗木と違って、姿のよいものほど価格も高い。そこまで育てるのに、それだけの手入れや管理をしてきているからだ。

成木を選ぶときは、少し離れたところから木の姿をチェックしてみよう。

成木の選び方は、

1 枝が均一の間隔ではえている。
2 枝が四方に均一に出ている。
3 枝が抜けていない。
4 不要枝（ふところ枝、からみ枝、さかさ枝、やごなど。244頁参照）が少ない。
5 枝と枝の間が短い。
6 枝下が上がっていない。
7 樹高にくらべて枝幅が広い。
8 葉や木肌につやがある。
9 枝や幹に力強さがあり、枝ぶりがよい。
10 樹形が美しい。

苗木を植えてみよう

水分をたっぷり与えてから植えつける

苗木は、草花の感覚で植えつけることができる。大切なことは、購入したら、根が乾ききらないうちに、なるべく早く植えつけることだ。もし、一～二日、日を置くなら、根元に水をやり、日陰で保管しておく。

さて、苗木の植えつけだが、ビニールや縄に巻かれた根は、水分が不足して乾燥しきっていることがある。そこで、ビニールや縄などの根巻きを取り除いて、周囲の土を落とす。「土はふるって植えよ」といういい伝えがある。もし、粘土質の土なら通気性・通水性が悪いので、半分ぐらい土を落としてもいい。砂の場合も同じだ。

さらに、軍手をした手で根をほぐしてやり、バケツに汲んだ水の中につけ、幹を持ってゆすりながら土を落とす。根が乾ききっているなら、そのまま二～三時間、バケツにつけておく。

こうして余分な土をふるい、事前にたっぷり水分を与えておけば、苗木が弱ることはない。

葉や根を整えてから植える

苗木に葉がたくさんついていたり、葉が大きいとき、また太い根が折れていたりするときは、葉や枝、根を整理してから植える。

枝葉は、しばらくは蒸散《じょうさん》作用で水分が必要以上に奪われないように、根に十分な栄養と水分が回るように、枚数を減らしたり、半分で切ったりして植える。

樹冠《じゅかん》は、芯止め（生長しないように幹の上部を切る）をしてあるので、生長を促すように、幹を半分くらいのところで斜めに切る。

細根は、大切にし、太い根の先や、折れているものは切って整理する。新しい環境に適応するまで、できるだけ根に負担をかけないためだ。こうして、いよいよ穴に埋める。

庭土は事前に日光消毒をしておく

穴の大きさは、苗木の場合、縦横、深さとも根の長さ、苗木幅の各二倍くらいは確保したい。数本を一列に植えるときは、少なくとも五〇センチの間隔はほしい。

植える場所の土は、植える一～二週間前に掘り起こし、天地をひっくり返して日光や空気にさらし、害になる虫やバクテリアの繁殖を防ぎ、通気性のいい団粒構造《だんりゅうこうぞう》（小さな粒が集まって塊になっている、保水・通水性も備えた新陳代謝がしやすい土の状態）の土にしておく。そして、穴の下半分くらいには、堆肥《たいひ》、鶏糞《けいふん》、石灰《せっかい》などを、庭

■苗木を植える

A 苗の土をほぐし、
水に2～3時間
つける

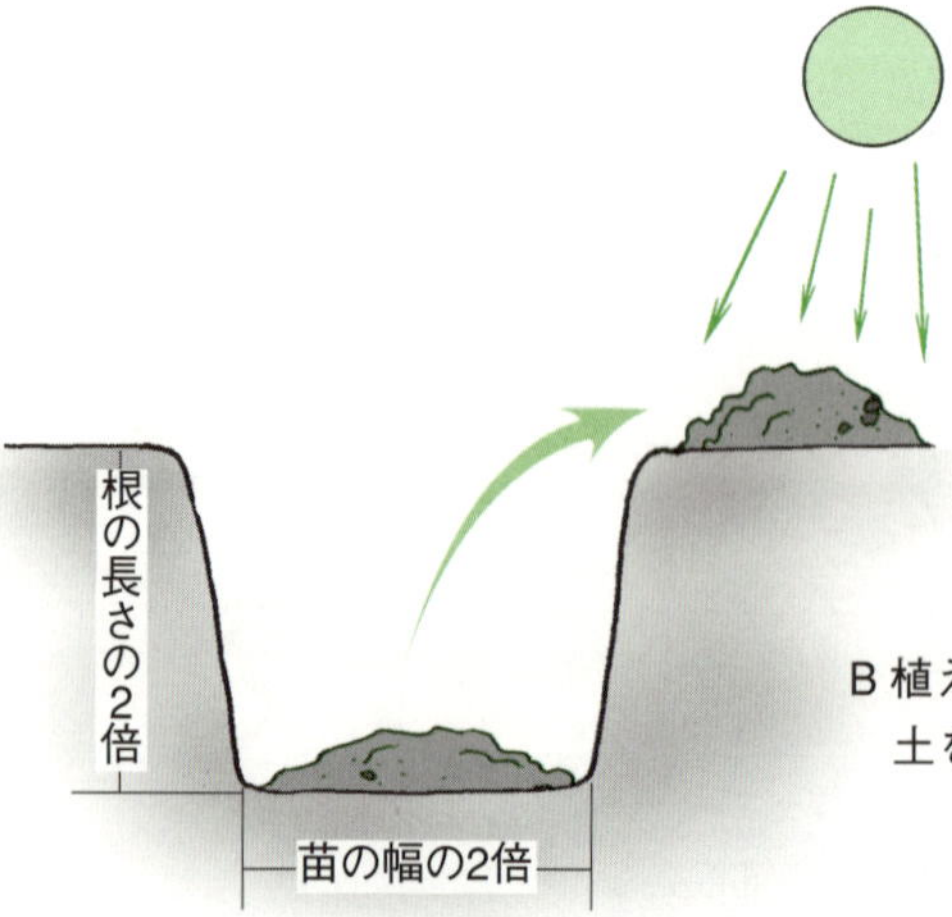

B 植え穴をほり、
土を日光消毒する

C 堆肥などを混ぜ、
苗を中央に、
浅めに植える

D 地際まで土をかけ
軽く踏み固め、
周囲に土手を築いて
水をやる

E 支柱を立てる

土とよく混ぜて入れておく。庭木の場合、草花ほど肥料は必要ない。むしろ与えすぎに問題がある。一般に、三・三平方メートルにつき二〇〜三〇グラムで十分だ。割合は、堆肥七に対して鶏糞三。石灰は、酸性にかたよった土を中和するためで、ひと握り、一〇〇グラム程度でいい。

穴の中央は、心もち高めにしておこう。

浅く植えて根腐れを防ぐ

植えるときは、苗木の根を広げて、植え穴の中央に置き、庭土をかぶせていく。根の間に土がよく入るように、苗木をゆり動かしながら土を入れる。

一般に、苗木が安定するようにと考えて、深めに植える傾向にあるが、浅く植えたほうがいい。というのも、苗木が生長するにしたがい、その重みで沈んで、深くにおさまるからだ。深く植えると十分に酸素がいかず、根腐《ねくさ》れすることもある。苗木についている土の高さ、これを根巻きの高さとか、地際《ちぎわ》の高さというが、この高さと地表が同じになればいい。

植え終わったら、根のまわりを軽く足の裏で踏んで、根を安定させておこう。

細根が少ないなら「土ぎめ」、多いなら「水ぎめ」

最後に、根の周囲に土手を築く。水をたっぷりやって、この水鉢から水が漏れないようにしておこう。土手の土を元に戻し、根元を固めたら、支柱を立て、二〜三ヵ所をヒモで結んでおく。強い風が吹いたときなど、苗木が倒れないようにするためだ。苗木の場合、支柱は一本で十分である。

なお、植えつけるときの土の戻し方に、「水ぎめ」と「土ぎめ」がある。

細根が多い場合は、土をかぶせてたっぷり水やりをして棒で突く、という方法を数度繰り返して、土を戻す。これを水ぎめという。細根からの水の吸い上げが盛んなので、あらかじめ、土に水分をたっぷり与え、水不足を防ぐわけだ。

なお、土ぎめとは、水を注がずに、根元に土をかぶせて棒で突いてまわりを固める。厳寒期に植えるときなど、水が凍結するとあとで根腐れの原因になるので、土ぎめにする。

肥料は一年くらいたってから

植えたあとは、ほとんどなにもしなくていい。水やりは、土の表面が乾いてきたらやればいいが、庭の場合はほとんど必要がない。ただ、雨が一〇日も降らないようならば、水をやる。もし、植えてすぐに葉がしおれるようなら、葉を取るか、枝を切り落とす。

肥料に関しては「肥料、肥料と騒ぐでない」。どんなに早くても、新芽が吹いてからだ。早く肥料を施すと、肥料負けして根が弱ってくる。最初に元肥《がんぴ》を仕込んでいるので、一年たってからでも十分だ。場合によっては必要ない。庭木の緑があせてきたり、元気がなくなったりしてきたときに施せばいい。

肥料を施す場合は、根に直接肥料が当たらないように、少し根元から離して、放射状にまいたり、周囲に溝《みぞ》を掘ってまいたり、穴を掘って埋めたり、一帯にぱらぱらとまいたりする。やりやすい方法でいいだろう。

成木の移植は庭師にまかせたほうがいい

移植すると枯れやすい木

成木《せいぼく》の移植は、基本的には庭師にまかせたほうがいい。庭木の中には移植を嫌うものもあり、知らずに移植すると枯らしてしまう。

とくに、移植を嫌う庭木としては、老木や、発根力がない弱っている木、根が太かったり、ゴボウのように地中奥深くまで伸びていたりする木、大木など、動かしにくい木があげられる。

具体的には、カキ、カラマツ、クヌギ、クルミ、コブシ、ジンチョウゲ、ネムノキ、モクレン、モミノキなどがある。この場合は、移植を取りやめるか、どうしても移植するなら、春先の芽を吹く前に、先のとがったスコップで根をつついて根を切り、細根の生育を促し、根つきをよくする根回しの準備をしてから行う。

逆に、移植してもいい木は、生長著しい若い木である。比較的かんたんに素人でも移植できるのは、アジサイ、ツツジ、ヤマブキである。思いついたときに移植してもよく根づく。アオギリ、イチョウ、ウメ、エノキ、シイノキ、プラタナス、モチノキなども移動しやすいが、大木なので、素人には扱いにくい。また、移植はすぐにはできない。根回しなどの準備をしてから行うので、移動までに時間がかかる。たいていは庭師に依頼したほうがうまくいく。この辺を考えて、移植の構想を練ろう。

移植の時期は庭木の種類で異なる

移植をするときは、庭木への負担が少なくてすむように、新芽が動かない時期、生長していない時期、つまり休眠期に行う。その時期は庭木の種類によって異なる。

常緑樹は、新芽が出る前の三月上旬〜四月上旬、あるいは新芽が固まった梅雨の時期、六月上旬〜七月上旬が適している。生長が著しい五月は、どんなことがあっても避けたほうがいい。

落葉樹は、葉が落ちて、まさに休眠期に入る一〇月下旬〜一一月にかけて、あるいは、芽を吹く前の三月上旬〜四月上旬がふさわしい。早春に芽を吹くものは、二月ころの移植もいいだろう。

針葉樹は、新芽が出る前の二月上旬〜三月、あるいは、秋の九月〜一一月にかけて行う。これは関東を基準にしているので、西日本は半月〜一ヵ月ほど早まり、東北・北海道は一ヵ月ほど遅くなる。

移植先の地質もチェックする

移植する場所は決まったが、移植先の地質や環境が、いままでと違う場合がある。その庭木が新たな移植先の地質や環境に、適応できるのか、その辺も知っておく必要がある。できるなら、移植前の地質や環境と同じほうが、庭木には負担がない。

もし、違う場合は、地質なら土の改良を行うなどの方法をとる必要も出てくる。

たとえば、アオキ、アジサイ、カツラ、サンゴジュ、シダレヤナギ、シモツケ、ネコヤナギ、ポプラ、ヤナギなど、湿地を好む庭木を乾燥地に移す場合は、粘質土を庭土に混ぜて、水もちをよくしてやる。

逆に、アカマツ、クロマツ、カラマツ、アセビ、ウメ、エニシダ、カイヅカイブキ、シラカンバなど、乾燥地を好む庭木を湿地に移植するときは、排水路をつくり、庭土に砂土などを混ぜて水はけをよくしてやるといい。粘質土は酸化していることが多いので、石灰で中和する必要もある。

また、土がやせているようなら、畑土を入れたり、堆肥《たいひ》などをすき込んだりして土づくりを行う。瓦礫《がれき》などが多い土地は、瓦礫などを取り除くと同時に、土を五〇センチ近く掘り起こして、堆肥をすき込み、よく耕しておく。

都会では、猫の糞《ふん》で植物が枯れてしまうことがしばしばある。猫は乾燥した、砂漠化した土に糞をする。糞を取り除いたら、掘り起こし、粘質土を入れたり、堆肥をすき込んだりして、水もちのよい土にしてみよう。

環境に関しては、たとえば日陰から日なたに移植するときは、多くは日なたを好むので問題ないが、日陰を好む庭木なら、根元などにワラを敷いたり、バークチップで覆ったりしてマルチング（地表をカバーする）し、乾燥を防ぐ必要がある。しかし、日なたを好む庭木を日陰に移すと、木が弱り、葉や木肌の生彩を欠いてくるので、これは移植をあきらめたほうがいいかもしれない。この点は、庭師と相談してみよう。

曇りの日を選んで移植する

移植するときは、できるだけ枝葉からの蒸散《じょうさん》を避け、庭木にダメージが及ばないようにすることだ。それには、曇りの日を選んで移植するといい。晴れていると、蒸散作用が盛んになり、多くの水分が失われ、さらに移植による負担も加わるので、木は多くのエネルギーを損失する。雨の日は木にとってはいいが、これは作業が大変だ。風の強い日も、樹木が倒れたりして危険と隣りあわせで、庭師泣かせである。移植は曇りの日に限る。曇りのち雨の予報ならもっといい。

そして、移植は時間を置かないことだ。移植する木を掘り起こしたら、すぐに移植場所に運搬して植えつける。少しでも、木を横にして寝かせておくと、葉が乾く。とくにモミジなど、葉の薄い木は、気孔のある葉裏が日光にさらされると葉やけを起こし、しおれて、なかなか回復しない。昔から「葉裏を乾かすな」といわれるゆえんである。

掘り起こす庭木の根元には、水をたっぷり与え、そのうえで枝葉をできるだけ刈って、蒸散を最小限に食いとめよう。また、移植する場所にはあらかじめ植え穴を掘っておく。運搬する道筋を確保し、その道筋に、障害物がないように整理しておくことも大事だ。

木の直径の三~五倍のところから掘る

掘り上げるには、幹の太さにもよるが、穴の直径が幹の太さの三~五倍の大きさになるところから掘りはじめる。

大木で根が張っていれば、土を落としてから、太い根をのこぎりや剪定《せんてい》ばさみなどで切り落とす。小さくて運びやすいものなら、無理に土を落とさなくてもいい。同じ庭内なら、掘り上げて、そのまま移動する。移動場所が少し離れているなら、根を乾かさないように、そして運びやすいように、ビニールなどを根の部分に簡単に巻きつけて、サッと運ぶ。

移動場所まで車を利用するなど、距離がある場合は、本来は、根鉢部分にコモやゴザを当てて根巻きして運ぶ。しかし、大木でなければビニールでもいい。枝葉も広がらないように、縄で結んでおく。

根張りが見えるように浅く植えよ

植え穴は、根鉢より少し大きめに、根の三倍以上、幹の五倍以上掘っておく。土が

■ 成木を移す

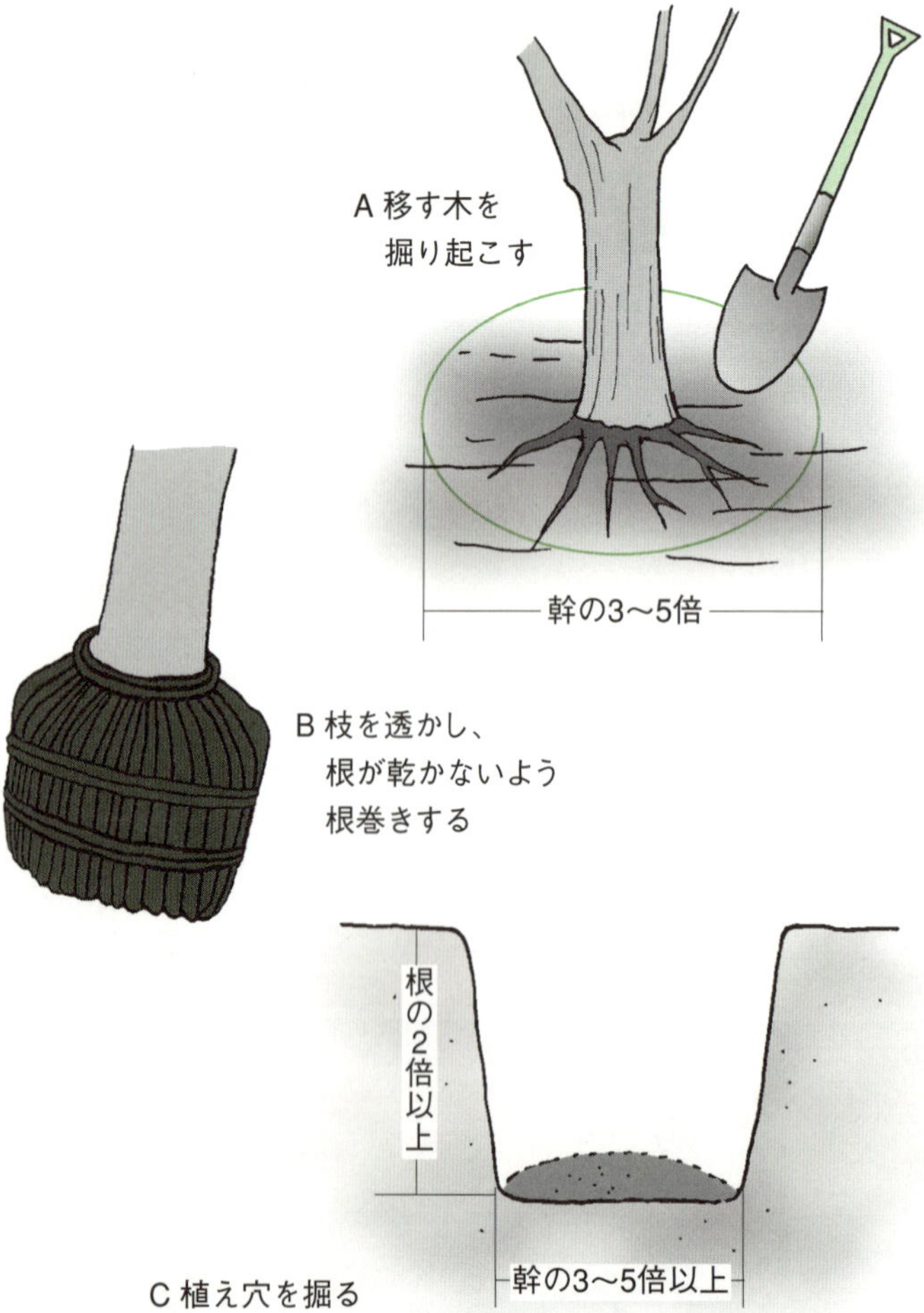
A 移す木を
掘り起こす
幹の3〜5倍
B 枝を透かし、
根が乾かないよう
根巻きする
根の2倍以上
幹の3〜5倍以上
C 植え穴を掘る

D 木を回しながら
中央に植え、
水やりしながら
土を突く

E 浅めに植え、
根元を踏み固めてから、
土手をつくって
水をやり、
支柱を立てる

悪いときは、堆肥などをすき込んで土を改良する。手っ取り早いのは、畑土を客土《きゃくど》(ほかから土をもってくる)することだ。植え穴の中央はやや高めにしよう。

移植する庭木は、根をかなり切っているので、それに見合うように、枝葉も切ってバランスをとる。この庭木の正面を決め、植え穴に置いて、木を回しながら正面が中央にくるようにして位置を決め、土を埋め戻す。半分ぐらい埋め戻したら、ホースで水を注ぎ、土と根とがなじむように棒で土を突く。数回突いたところで残りの土を入れる。「水ぎめ」である。たいていはこの水ぎめでいい。しかし、マツなど針葉樹は、また、冬に移植するときは、葉の蒸散が少ないので、水を使用しないで、土だけを戻す「土ぎめ」にする。

水ぎめでも、土ぎめでも、このときに大切なことは、根張りが見えるように、浅めに植えることだ。深く植えると、苗木の場合でも話したが、樹木の重みでだんだん沈んでいくので、根鉢の際《きわ》よりも深く土がかぶさり、根腐れを起こす。

十分に観察し、木の表を正面に向けよ

ところで、庭木を植えるときは、木の表を正面に向けることだ。さて、この木の表とはなんだろう。これは、木全体を見ているとおのずとわかってくる。樹冠《じゅかん》や枝ぶりから、木肌の美しい面から見て、木には裏と表がある。

よく、庭木を前に、庭師がぷかりぷかりとタバコをふかしながら、木を眺めている

ことがある。こうやって、値踏みしながら、木の裏表を決めていく。植えながら、剪定しながら、一服するのはそのためだともいえる。時間の余白で、その樹木の美しさを探し求める、といったら大げさだろうか。

中木、高木には支柱を立てる

植えつけが終わったら、土手を築いて水鉢をつくり、たっぷり水を注ぐ。根づいたら、土手を壊して、根元は平らにならしておこう。

ついで、大木が風に転倒しないように竹で支柱を立てる。一～二メートルの低木なら、支柱は一本で十分だ。幹に寄り添うように支柱を立て、二～三ヵ所をシュロ縄で結ぶ。

■ 支柱

三本の竹で八つに組む

鳥居支柱
おもに通路際などに見かける

それより庭木が大きな場合は、竹三本を使って八つに組む。あるいは鳥居支柱のようにしてもいいが、これは組む場所が狭いときに行う。

西日が強いなら幹巻き、敷きワラ

移植した場所が、西日の強い場所だったり、幹からの蒸散が盛んなモチノキなどの樹木だったりする場合には、幹巻きや敷きワラも必要になってくる。乾燥を防ぐためである。

幹巻きは、幹にコモを巻きつけ、シュロ縄で結んでいく方法。この場合、下から順に、巻きつけていくことがポイントだ。上から巻きつけると、コモとコモの重なる部分にポケットができ、雨水などがこのポケットにたまったり、そのあげく害虫が繁殖したりして、表皮を腐らせ、木を弱らせることがある。

ただし、最近ではコモではなく、緑化テープを使用することが多い。

根元には敷きワラをする。あるいは、バークチップなどでマルチングをすると、根元の乾燥を防ぐことができる。

冬、寒いときに、北国では、幹巻きや敷きワラをすることもある。この場合は、暖かくなったらすぐに処分しよう。いつまでも巻きっぱなし、敷きっ放しにしておくと、害虫の温床になることがある。

庭木を繁殖させてみよう

株分けでふやす

庭木をふやすのに、もっとも手軽な方法は株分けだ。

アジサイ、オオデマリ、キンシバイ、クチナシ、コデマリ、シモツケ、シャクヤク、センリョウ、ツツジ、ナンテン、フヨウ、ボタン、ヤツデ、ヤマブキ、ユキヤナギ、レンギョウなど、根元から株立ちしている低木は、手、あるいは剪定《せんてい》ばさみを使って、二〜三株に分ける。あまり小分けしすぎると、生長に時間がかかるので、二〜三株に分ければ十分である。

切るときは、土を落としてから、細根をいためないように、一気にスパッとやることだ。切り口がぎざぎざになったりすると、腐りやすくなる。切る角度は、根が伸びる方向を考え、切り口が下を向くように下面剪定する。

株分けしたら、根を水で洗い、根が乾かないうちに植えつけることが大事。時期的には、春先の芽がまだ吹いていない時期、あるいは秋口が適している。

挿し木でふやす

挿し木とは、枝の一部を切り取って（これを挿し穂という）、挿し床に挿してふやす方法である。枝を切られた刺激により、葉や芽でつくられる生長ホルモンが切り口に集まり、発根し、根を形成する。この仕組を利用して、繁殖させる。

挿し穂は細胞分裂が活発で、栄養が行き届き充実した、比較的若い枝を選ぶといい。

挿し木を成功させる条件としては、発根しやすくなるのが、気温が摂氏二〇度くらいに上昇したときなので、初夏〜夏にかけてがふさわしい。もう少し詳しくいえば、常緑樹は六〜八月、落葉樹は、この時期もさることながら、新芽が吹く前の一一月〜三月までもいい。針葉樹は五月ころが適している。

また、水分がほどよく補給されることも大事で、挿し床は天日にさらして消毒した無菌のものがよく、川砂、鹿沼土《かぬまづち》、パーライト（真珠岩を高温で焼いて作った人工の用土）、ピートモス（寒冷湿地で生育する水ゴケが堆積して変質した園芸用土）などを使用する。最近では、挿し木用の用土も市販されている。

［挿し木の仕方］

1 挿し穂は、葉の下二〜三センチのところで切り取り、全長一五センチくらいにする。一葉・一芽になるように、葉を整理して数枚にする。葉が多すぎると、根から吸収する水分の割に蒸散《じょうさん》が多くて枯れ

■挿し木の仕方

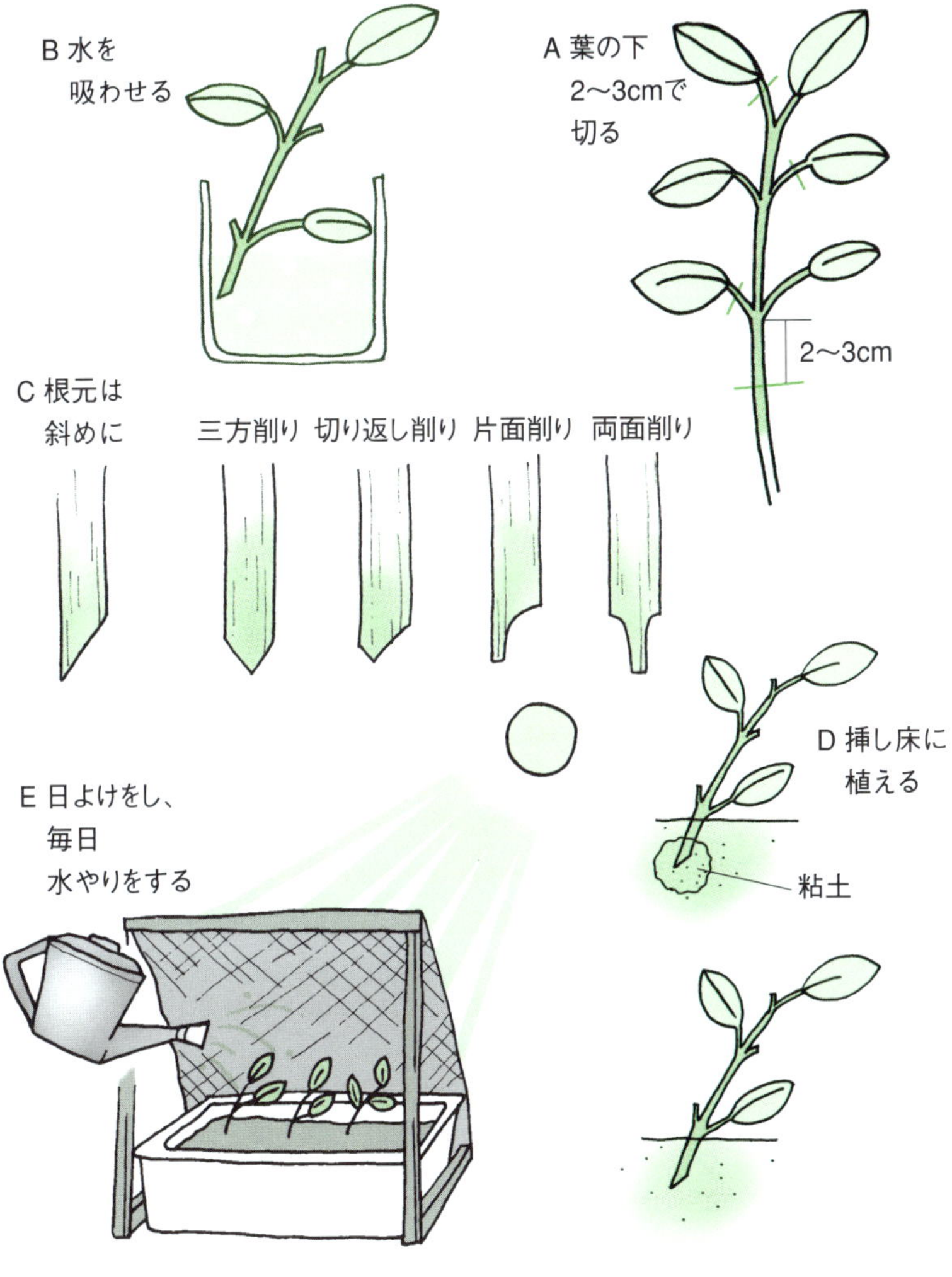
B 水を
吸わせる
A 葉の下
2〜3cmで
切る
2〜3cm
C 根元は
斜めに
三方削り
切り返し削り
片面削り
両面削り
D 挿し床に
植える
粘土
E 日よけをし、
毎日
水やりをする

やすく、少なすぎると根腐《ねくさ》れを起こしやすい。

2挿し穂は半日〜一日、水を十分に吸い上げて蓄えておくために、水の入ったコップにつけて、水あげしておく。

3挿し穂の切り口は、断面の広いほうが発根しやすいので、一般には斜め切りにする。それ以外に、水分を吸収しやすいように、三方削り、切り返し、片面削り、両面削りなどがある。

4挿し床に挿す。根元を軽く指で押さえて倒れないようにする。なお、発根しにくいものは、粘土を団子状にして、これに挿し穂を挿し、そのまま挿し床に移す方法をとる。吸収性が悪いものは、切り口に割れ目を入れて股開きにしたり、ここに小石をはさんだりして挿すこともある。

5日よけをつくる。挿し床は日当たりのよいところに置くが、土が乾きすぎないように、日よけして温度調節をし、乾燥を防ぐ。また、生長するためには水が必要なので、毎日水やりする。挿し床がほどよく湿り気を帯びる程度にし、過湿状態にしないことが大事だ。

※枝を使用した挿し木のほかに、葉を使ってふやす方法もある。これを葉挿しという。一葉一芽の枝部分を切り取って、挿し床に挿すだけでいい。アジサイ、サザンカ、サンゴジュ、ツバキ、バラなどは、葉挿しで十分に繁殖する。

取り木でふやす

取り木は、長い枝を取り出して、その一部を、ちょっとナイフなどで傷つけ、支え棒をして地面に埋め、発根させる方法である。根づいてから、本体と切り離す。ブドウ、レンギョウなど、枝垂《しだ》れ系の庭木には、この方法が便利だ。

接ぎ木でふやす

接《つ》ぎ木は、接がれる木（台木）に繁殖させる木（穂木）を接いで生長を促す方法で、挿し木ではなかなかふえないもの、大きく生長するまでに時間がかかるようなものは、接ぎ木でふやすことがある。それによって、早く花が咲いたり、実がなったりする。これは、穂木でつくられた栄養分が、台木で妨げられて根までいきにくいため、その栄養分が、花を咲かせ、実をつけるエネルギーに回るからだ。

接ぎ木しやすい庭木としては、ウメ、カイドウ、カエデ、かんきつ類、サクラ、サザンカ、ツバキ、バラ、フジ、マツ、ロウバイなどがあげられる。大きく伸びた二年もの以上のものがよく、これからつぼみや花や実を持つような木は適さない。また、斑《ふ》入りなどの園芸種は、接ぎ木した場合、その性質が現れないことがある。なるべく園芸種は避けたほうがいい。

台木はどんな木でもよいわけではなく、性質が似通ったものを選ぶ。たとえば、ウメの台木はノウメ、かんきつ類の台木はユ

■ 接ぎ木の仕方

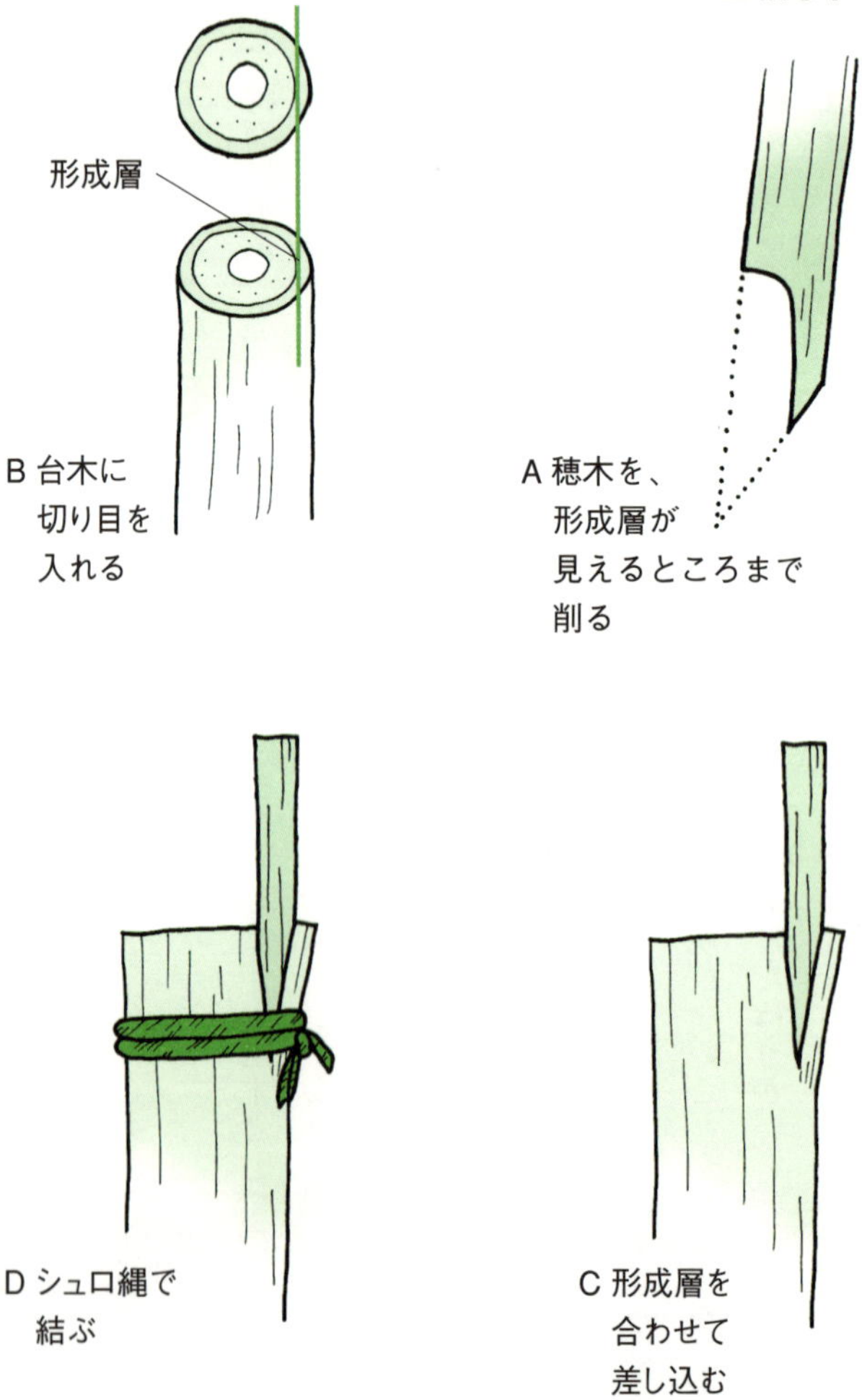
A 穂木を、
形成層が
見えるところまで
削る
形成層
B 台木に
切り目を
入れる
C 形成層を
合わせて
差し込む
D シュロ縄で
結ぶ

ズ、バラの台木はノバラといった具合だ。根の発育がよく、移植に強いもの、若くて細胞分裂が活発なものがいい。時期的には、台木はそろそろ活動をはじめるころ、穂木はまだ新芽が動かない時期で、両方を考えると、二～三月ころが適している。

接ぎ木の方法としてはいろいろあるが、一般的なのは、切り接ぎである。

1 穂木は、形成層の部分が出るまで削る。形成層は、幹を太くし植物体をつくるところ。およそ一時間ほど、水が入ったバケツにつけ、水あげする。

2 台木は、形成層のところに切り目を入れる。

3 穂木の形成層と台木の形成層が、ぴったりと合うように穂木を差し込む。

4 シュロ縄で結ぶ。水分が外に出たり、外から雨水などが入り込んだりしないようにする。

庭木を植えたら、下草を考える

下草を植えてみよう

地表を美しく処理するためには、小石を置いたり、コケや芝生を育てたりする方法もあるが、庭木の周辺に、花や実をつける下草を植え込んでいくと、緑だけではさびしいときや、あるいは葉が落ちて幹だけが残っている季節でも、きれいな景色が広がる。

下草として利用されるのは、和花が多い。イングリッシュガーデンなどは、和花のオンパレードである。和花のさりげない美しさが、自然風の庭にはマッチしている。

一般に和の庭には、花や葉が小さな、主張しすぎない草花が向いている。洋の庭には逆に、花の大きな、色のあざやかな、個性的な草花が向いている。

ただ、近頃はたくさんの品種が誕生しているので、花の種類よりも品種で使い分けるとよい。スイセンでもニホンスイセンは和の庭に、ラッパズイセンは洋の庭に似合う、という具合だ。大きい花や葉のついたヒマラヤユキノシタなどは洋の庭向きだが、しばしば植え替えたり、肥料を与えなかったりしていじめると、和の庭に合うように、花も葉も小ぶりになる。

宿根草や小型球根は品質のいいものを

下草の多くは、宿根草《しゅっこんそう》や小型球根の仲間だ。いずれもきらびやかではないが、ひっそりと咲く可憐な草花で、これらは一度植えれば、地中に根や地下茎が生き続けるので、なにもしなくても数年は毎年花を咲かせてくれる。この手軽さがいい。

ただし、最初に選ぶ苗や球根は、少々高価でも品質のよいものを選ぶと、それだけ長もちし、大きなきれいな花を咲かせる。

また、草花を植える土を健康な状態に保つと、花はいきいきしてくる。植えるときには堆肥《たいひ》をすき込み、ふかふかの、団粒構造の土（128頁）をつくっておこう。

なお、宿根草は、種子から育てるのもいいが、たいていは花苗を購入し、これを管理していくことになる。この場合、葉と葉の間が詰まっていて、背丈が低くがっしりした苗で、葉の色がつややかで、つぼみがたくさんあるものを選ぶ。根元がぐらついていたり、下葉が枯れていたりしないものがよい。球根の場合は、よく太っていて、見かけよりも重みがあり、表面に傷がないもの、形が崩れていないものを選ぶことだ。

庭に植えるときは、最初に土づくりができていれば、ほとんど手間はかからない。日差しが強く、土の表面が乾くようなときに、たっぷり水やりをすればいい。

6章

庭木を管理しよう

庭木をかわいがるということ

毎日庭木を見て回る

「毎朝、植物を見て回るのが日課。枯れそうな花がらを摘んだり、込んでいる枝を透いたり、ちょっちょっと庭木の身だしなみを整えてみる。すると、朝から気分がよく、今日一日、いいことが起こりそうな予感がする。忙しくて、庭いじりを忘れた日は、なんか気分が重い。庭木から元気をもらっているのだなとつくづく思う」

庭いじりをはじめた人は、たいてい、このような言葉を口にする。およそ、ガーデニングに縁がなかったような人が口にするからおもしろい。

庭木の管理というのは、野良着を着て、剪定《せんてい》ばさみを持って、いざ、出陣という感じに庭に繰り出して行うものではない。朝、ひんやりとして気持ちがいい、樹木の匂いがする庭を眺めながら、枯れ葉を手で取り払ったり、飛び出ている小枝を手で摘んだり、花がらを取り除いたりしながら、庭木を見て回ることからはじまる。元気にしているかい、気持ちのいい朝だな、などと心の中で呼びかけながら、樹木を愛でるのである。

そうこうしていると、もっときれいな姿にしてやりたい、もっとさっぱりしてやりたい、と思い、ちょっとあそこを刈ってみたい、葉を摘んでみたい、剪定してみたい、というようなところが見えてくる。

「いまに、もっと気持ちよくなれるからね」と、子どもの頭を刈るような気持ちで枝葉を刈ればいい。刈り取った枝葉や落ち葉は、庭の隅に掘った穴にためて、肥料にする。こうして、すべてが自然に還る。それが庭の管理である。

ほうきでほこりや枯れ葉を落としてやれ

もし、緑がうす汚れていたら、新鮮な緑を欠いていたら、庭ぼうきでほこりや枯れ枝、枯れ葉を落としてみよう。木にそって、逆さにした庭ぼうきで、掃くように少々強めにさすってやる。ときには木をゆすってみてもいいだろう。そのあとで、ホースの水を浴びせてやれば緑はいきいきとして、さまざまな色彩を見せ、すっきりとする。

ときには、森林浴に似た、あの木の匂いが漂ってくることがある。木が喜んでいる証拠ではないか。樹木のエキスで、お返しをしてくれているのである。

都会では、大気の汚れによって、煤《すす》がつ

いたように枝や幹が黒っぽくなっていることがある。この場合は、丸めた縄か、少々くたびれたたわしで、幹の表面を軽く水洗いしてやると、きれいな地肌を見せる。人間の肌と同じで、表皮を傷つけてしまっては、樹木そのものが大気から身を守る術《すべ》がなくなる。ごしごしこする必要はない。軽くなでるように洗ってやればいい。こうすると、木が少し若返って見える。通気性もよくなり、病虫害を避けることもできる。

緑をいつまでも若く美しく保つための剪定

自然をまねて剪定すればいい

剪定《せんてい》というと、むずかしく考える人がいる。なかには、「木は自然の姿がベストではないか、剪定の必要があるのだろうか」という人もいる。自生の木は、たしかになんら手を入れなくてもきれいに整い、趣のある姿を見せてくれることがある。不必要な枝葉は、自然に朽ちて淘汰《とうた》されることも少なくない。

でも、庭は、自然の一部を限られた土地に再現した、いってみれば「人工の自然」。その中に環境も異なる多種の木を植えているので、この中で育つ木は、放っておくと、自分なりの生長を遂げて、庭の秩序を乱してしまう。また、ほかの木と競合して、本来の姿が乱れることもある。これを避けるため、自然をまねて手入れし、剪定する。それによって、木はきれいな姿を見せてくれる。

とくに、ツゲ、イヌマキ、モチノキ、モッ

コクなどは、徒長枝《とちょうし》（樹枝を乱す長く伸びた無駄枝）が伸びてバランスを崩しやすいので、まめに徒長枝を取り除く剪定をしてみよう。

剪定は、自然を手本にすればいい。木の元の姿を考え、不必要な枝を取り除き、枝葉を取り除いて内部への通気性をよくし、全体のバランスがとれているように剪定することだ。

木は、左頁図のように、高さを樹高、幅を枝（葉）幅、枝から根元までを枝下、枝葉のまとまりを樹冠《じゅかん》、側面の枝を側枝《そくし》、中心になる枝を主幹《しゅかん》と呼ぶ。バランスがとれている木は、枝が多く、枝と枝の間が短く、枝下があまり上がっていない、枝が四方八方に均等に伸びている。これを理想の姿として、余分な枝や葉を取り除いていく。取り除くには、木ばさみや剪定ばさみを使用する。

古い枝を落とし新旧交代

剪定の目的の一つに、古い枝を若い枝へと更新することがあげられる。古い枝を取り除き、勢いのよい新しい枝を伸ばし、若返りを図るのである。

実を取るためのウメは、古い枝を切り、新しい徒長枝を広げるように誘引して更新する。内部に日が当たり、ウメの実がたくさん取れるようになる。アジサイは、花後にすでに花芽《はなめ》がついているので、強く切り詰めると花が咲かなくなる。ふだんは、花が咲く新しい枝は残し、花が咲かない古い枝だけを短く切り詰める。そして、三～四

■ 木の部位の名称

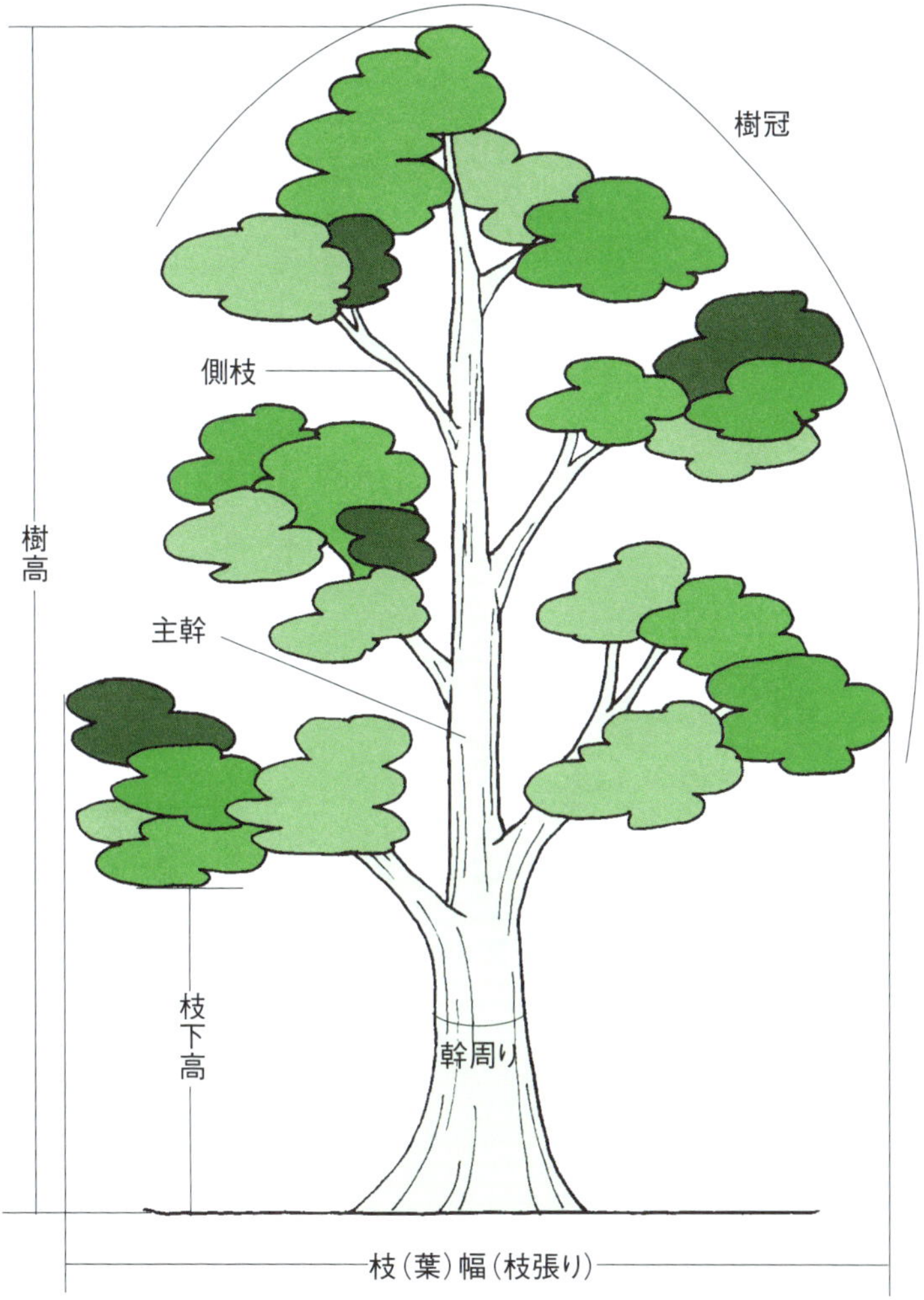
樹冠
側枝
樹高
主幹
枝下高
幹周り
枝（葉）幅（枝張り）

年に一度、翌年の花を犠牲にして低く切り詰め、全体の枝を更新する。翌年は無理でも、翌々年はきれいな花が咲く。ユキヤナギなどは、株元から切って更新する。

なお、一般に苗木は、生長を促し育てる剪定を、成木は、芯を止めて生長を抑制し、樹形を維持する剪定を行う。

背景とのバランスを考えて剪定する

庭は自然を再現する舞台のようなもので、枠組はきちんと考えてつくられている。大きな石の側に役木《やくぎ》として木を植えることもあるだろう。高木の根元を隠す下草代わりに低木を植えることもある。こうした枠組を考え、木や背景、添景物《てんけいぶつ》とのバランスを崩さないために剪定を行うこともある。必要以上に低木が生長して、高木の枝下だけでなく枝葉を覆うようでは困る。石とのバランスが崩れても困る。この場合は、樹高・樹形のバランスを考えながら、枝葉を刈り込み、樹冠の処の幹を止めたい高さに直角に切って、芯を止めていく。

生垣・目隠しは芯を止め、下枝を残す

強い地震が起きたときに倒れるのを防ぐために、ブロック塀からふたたび、生垣《いけがき》や目隠しの効用が見直されるようになった。この生垣や目隠しに樹木を用いるときは、枝葉が密で、必要以上に生長しないような、樹高を低めにする剪定が必要になる。伸びすぎると、家が覆い隠されてうっそうとし、

■芯を止める

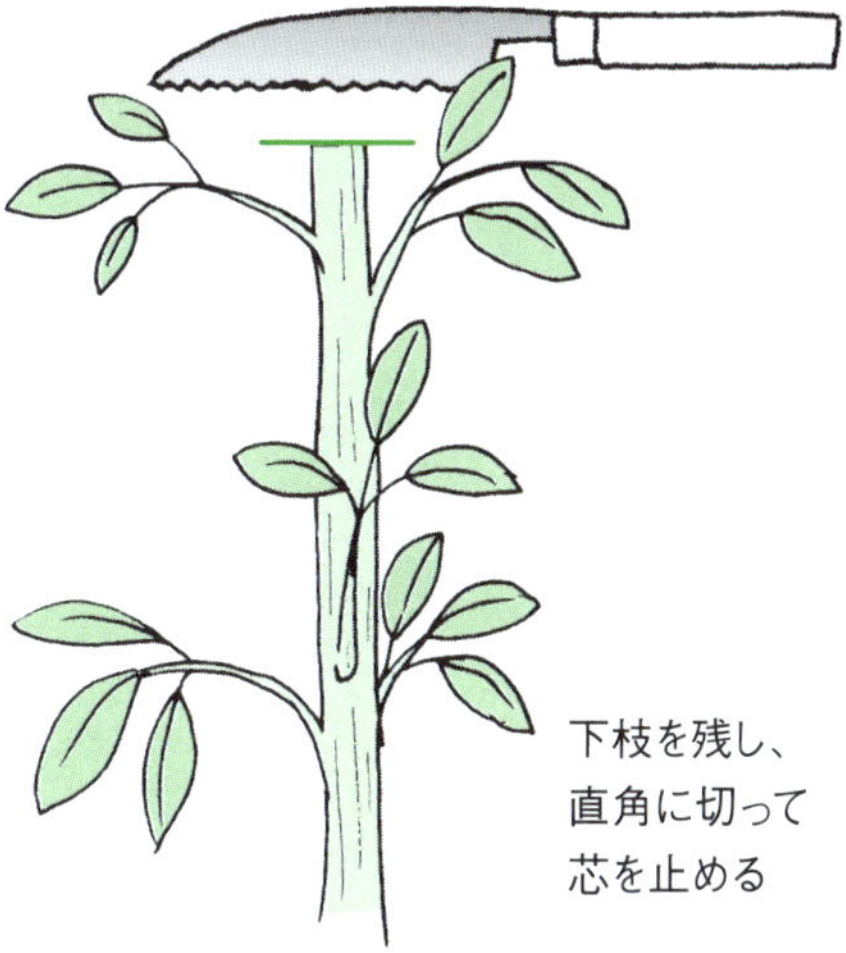

下枝を残し、
直角に切って
芯を止める

日が当たらなくなるばかりでなく、防犯面からも適当ではない。

この場合は、幹が伸びて枝下が上がってしまうと、目隠しの意味がなくなるので、枝下が上がらないように下枝を残し、樹高が高くならないように芯を止める。

花を咲かせ、結実を促す

花木《かぼく》や果樹を放っておくと、花のつきが悪くなったりよくなったり変動し、また、毎年実がならずに、一年おきに結実したりするようになる。

毎年、きれいな花を咲かせ、立派な果実をつけさせたいなら、やはり剪定は必要だ。この場合は、古い枝を切り詰め、新しい枝を伸ばしてやる。

ただし、花が咲き終わるころに花芽ができている場合があり、これを強く剪定すると花が咲かなくなる。花木や果樹によっては、剪定の時期を考える必要があるだろう。

なお、いじめてやると花や実はつく、という。根切りして木をいじめると花が咲くのは、根に行くべき栄養分が花に回るからである。

剪定の時期

落葉樹は冬に、常緑樹は春先に剪定

木は、人の毛髪を散髪するように、いつでも剪定《せんてい》できるというわけではない。剪定するには時期がある。

「木六竹八《きろくたけはち》」というように、とくに常緑樹の剪定は旧暦の六月ころ（現在の七月ころ）がよいとされた。この時期は、新葉が開いて新枝を伸ばし、葉は新緑から深い色の葉に変わる時期で、生長が一時休止する。これを「新芽が固まる」という。木が安定する時期であり、切断してもすぐに組織が回復し、木を傷めるおそれがない。

ついで、夏場の木は、光合成によってつくられた炭水化物が枝から幹へと送られ、蓄積されて、枝や幹を肥やす時期。そして初秋になると、ふたたび新枝を伸ばしていく。そこで、一一～一二月ころに剪定することもある。ただ、この時期、常緑樹の場合は、わずかながら生長している。損傷を少なくするためにも、枯れ葉を除き、枯れ枝を切る程度にとどめておこう。大々的に剪定すると、傷口から腐りはじめることもある。正月を迎えるための、化粧直しくらいの軽い剪定・整枝でいいだろう。

また、「剪定は落葉期に」といういい伝えもあり、落葉樹に関しては、生長が停止する一〇月から新芽が出る前の二～三月にかけて剪定する。とくに、枝先を剪定する弱《じゃく》剪定《せんてい》をするなら、回復能力がまだある一〇月ころ、太い枝を透かすような強《きょう》剪定をするなら、生長が完全に止まり、組織が充実してダメージが少ない一一～一二月ころが適当だ。そして、針葉樹は三～四月ころか、一〇～一二月ころである。

いずれも夏、七月後半から八月にかけて剪定を避けるのは、夏に剪定すると養分を失い、ダメージが強いからだ。

マツだけは例外、みどり摘みは五月ころに

木の中で、先に述べたルールがまかり通らないものがある。マツである。マツは、一般の木とは剪定時期が異なる。「みどり摘み」という言葉もあるように、剪定するのは、新芽であるみどりが生長する五月ころである。

新芽は放っておくと赤茶色の花をつけ、これがマツボックリになるが、この花をつける前にみどりを摘んで、枝を整える。「マツは十返りの花が咲く」といって、千年に一〇回くらいしか花が咲かないといわれるが、そうではない。毎年咲きそうになるのであるが、花が咲く前に新芽を摘んでいるのである。摘み方は地域によって違うが、よく行われる方法の一つをイラスト（263頁参照）で示した。

さらに、一〇月～一一月にかけて、若い葉はそのままにして古葉をもみ取る。これ

を「もみあげ」という。古葉をもみとり、透かしていくのだ。この透かし方がむずかしい。樹形にも関係してくる。すっきりと美しい姿を楽しむなら、プロにまかせることだ。

花木は、花芽の時期を考えて剪定する

木が芽をつける時期は、いちばん生長が著しい時期だ。この芽はやがて葉や枝となり、花となる。新しい葉から新枝を伸ばすのを「芽だし」といい、芽の中でも前者の、葉や枝になるものを葉芽《はめ》、花になるものを花芽《はなめ》という。

葉芽と花芽は、はじめから決まっているわけではなく、日照や気温、木の栄養状態によって、葉芽が花芽へと変化していく。この葉芽が花芽に変化する時期を「花芽分化期」という。この時期は植木によって異なる。次表（240頁表）を参照してほしい。

剪定するときは、花芽を切り落とさないことが大事だ。切り落とすと、当然ながら花は咲かない。また、切り落とさないまでも、強く剪定すると、葉や枝が勢いよく伸びて、花芽がつきにくくなる。そこで、次の芽が出る前の花後、すぐに剪定して、花芽を切り落とすことがないようにする。ただ、実を楽しむ場合は、花芽が出るのを待って、花芽か葉芽かを区別しながら剪定することになる。

一般に、葉芽は細くやせているが、花芽はふくよかで少し大きめである。また、植木によって花芽になる葉芽の位置が異なり、頂芽《ちょうが》と側芽《そくが》とに分かれる。頂芽は枝の先端

につき、発芽力・伸長力ともに強い。側芽は枝の側面につく芽で、枝先に近いものほど発芽率が高い。このうち、幹から外側につく芽を「外芽《そとめ》」、内側につく芽を「内芽《うちめ》」という。外芽は横に伸び、内芽は外芽より伸長力があり、立ち気味に伸びる。

頂芽と側芽に花をつけるのは、ウツギ、サルスベリ、シモツケ、ツバキ、ハギ、フジ、フヨウ、ムクゲ、レンギョウ。頂芽だけに花をつけるのは、キョウチクトウ、キンシバイ、コブシ、クチナシ、サツキ、ハナミズキ、バラ。枝の先端に近い側芽に花をつけるのは、キンモクセイ。側芽に花をつけるのは、ウメ、ナツツバキ、モモである。とはいえ、見きわめるのは、なかなかむずかしい。ベテランでも花芽を切り落とすことがある。

ついでに、ここで、「定芽《ていが》」と「不定芽《ふていが》」についても述べておこう。以上のように、定芽のつく場所が決まっているものを、定芽という。枝との関係でいえば、互生《ごせい》（一つの節に一つの芽がつき、芽の方向が交互に異なる＝ウメ、カナメモチ、ツバキなど）、対生《たいせい》（一つの節に目が二つ、一対につく＝クチナシ、モクセイ、モミジなど）、輪生《りんせい》（一つの節に芽が三つ以上つく＝クロマツ、シャリンバイ、ジンチョウゲ、ツツジ類など）という芽のつき方がある。

これに対して、強い剪定をしたり、定芽のつく場所にトラブルがあったりすると、生長が傷害されて、本来芽の出ない枝から芽が出ることがある。これを、不定芽という。

花芽が開花する時期は、花木によって異なる

花芽の開花の時期は、花木《かぼく》によって違う。花芽のつく時期と開花時期は、次のように、四パターンに分かれる。この花芽分化期と開花時期とを考えて剪定することが大事だ。

●今年花芽がついた枝に、夏から秋にかけて花が咲く場合

花が咲き終わってから、翌年の芽が出るまでに剪定すればいい。この花木としては、キョウチクトウ、キンシバイ、キンモクセイ、サルスベリ、ナツツバキ、ハギ、バラ、フヨウ、ムクゲなどがあげられる。

●今年ついた花芽が冬を越して、翌年花を咲かせる場合

花芽分化後に剪定しても、花芽の区別がつきやすいので、いつ剪定してもいい。ウメ、モモ、レンギョウなど、春に咲く花木はこのタイプが多い。ただし、クチナシ、コブシ、サツキ、ツツジ類、ハナミズキ、モクレンなど頂芽に花が咲くのは、花後すぐに剪定したほうがいい。

●今年花芽がつき、その枝が翌年伸びて花を咲かせる場合

枝を切ると花は咲かないので、剪定は花が開花する前に花芽を見ながら行う。これにはシモツケ、フジなどがある。

●今年春に花芽をつけ、翌年新梢《しんしょう》を伸ばして花を咲かせる場合

花後すぐに剪定する。これにはアジサイ、ボタンなどがある。

■花の開花期・花芽分化期・剪定時期

植物名	開花期	花芽分化期	剪定時期
アカバナアセビ	4月	7〜8月	花後、秋
アジサイ	5〜6月	7〜8月	2〜3月、花後
アメリカハナミズキ	3〜4月	8月	花後、落葉期
ウメ	1〜2月	7〜8月	11月〜1月、実後
オウバイ	3月	8月	落葉期、6月
カイドウ	4月	7〜8月	11月
カルミア	5〜6月	7〜8月	6月、10月
キンシバイ	6〜7月	4〜5月	花後
キンモクセイ	9〜10月	7〜8月	花後
クチナシ	6〜7月	8〜9月	花後
コブシ、モクレン	3月	7〜9月	花後、11月以降
サザンカ、ツバキ	11〜5月	7〜8月	花後
サンシュユ	3月	7月	花後
シモツケ	5〜6月	11月	11月、花後
ジンチョウゲ	3〜4月	7月	花後
トサミズキ	3〜4月	7〜8月	花後
ナツツバキ	6〜7月	5月	11月、3月
ノウゼンカズラ	7〜8月	5〜7月	落葉期
ハギ	8〜10月	7〜8月	落葉期、5〜6月
ハナズオウ	4月	8月	花後
バラ（木バラ）	5月、10月	3〜4月	1〜2月、8〜9月
フジ	4〜5月	7〜8月	12〜2月
ブッドレア	7〜10月	6月	11〜3月
フヨウ	7〜10月	6月	落葉期
ボケ	1〜2月	8月	11月以降
ボタン	4月	7月〜8月	6月、落葉期
マンサク	2月	7月	花後
モモ（ハナモモ）	3〜4月	8月	花後
レンギョウ	3〜4月	7〜8月	花後
ロウバイ	1〜2月	7月	花後11〜12月

剪定の仕方

これだけはそろえたい剪定用具

剪定《せんてい》するときは用具が大事だ。新しく購入するときは、ホームセンターや園芸店で、実際に手に握ってみて、手になじみそうなものを選ぶ。剪定ばさみなどの刃物類は、少々高くても切れやすいものがいい。いままで使ってきたものは、刃を研《と》いで、よく手入れしておこう。

身なりは長袖シャツ（古くなったカッターシャツ）、長ズボン（ジーパンは不適当。伸び縮みしやすいものがいい）、帽子にスニーカー姿で、直射日光をさえぎり、枝葉が皮膚を刺激したり傷つけたりせず、からだにフィットして動きやすい服装にする。

本格的にしたい、という人は、地下足袋《じかたび》をそろえたい。いまは作業着屋などで手に入る。オシャレな人は、地下足袋をファッションとしている人もいる。

［庭の管理に必要なもの］

植木ばさみ（葉や細い枝を切る）、**剪定ばさみ**（枝を切る）、**刈り込みばさみ**（生垣《いけがき》や仕立て物を刈り込む）、**高枝ばさみ**（はしごを使用しないで高いところの枝を切る）、**のこ**

ぎり（太い枝を切る）、**切り出しナイフ**（切り口を整える）、**スコップ**（根切りや土づくりに）、**移植ゴテ**（草花の植え替えなどに）、**鎌**（草取り、土づくりに）、**三脚**（本格的な場合）、**手袋**

切除すべきはまず忌み枝

落葉樹の剪定は、形が整ったマツ、マキなどより簡単と思っていないだろうか。雑木《ぞうもく》は自然な感じに剪定するのがむずかしい。案外、剪定には気を使う。切り詰めたらおしまいで、自然体をいかに保つように剪定するかは経験による。ぷつんぷつんと切って、樹形を台無しにしている場合もよく見かける。こういう場合は、まず、忌《い》み枝を切り取ればいい。それだけで立派な剪定である。

木の姿を保つためではなく、木が正常に生育するのに必要な栄養を奪い取ったり、生長を阻害したりする枝がある。それが忌み枝、または不要枝と呼ばれる枝である。この場合は、とりあえず切り詰める。

忌み枝は、244頁図にも示した通りである。

●**とび枝**　徒長枝《とちょうし》ともいう。主枝《しゅし》からまっすぐに勢いよく伸びた枝で、ほかの枝の生長を妨げたり、樹形を乱したりする。ただし、樹形に変化をもたらしたかったり、主枝の代わりが必要だったりしたときに、とび枝を誘引して更新することもある。

●**からみ枝**　ほかの枝にからみつくように生長した枝。交差枝ともいう。樹形を乱し、葉が重なって通気性が悪くなり、ほかの枝の生長を阻害《そがい》する。

●**さかさ枝**　下方に向かって伸びる枝。本来は水平よりやや下方に伸びると安定した美しさがあるが、極端に下方に向くものは樹形を乱す。

●**ふところ枝**　内部に向けて伸びる枝。ただし、この枝を切るとその部分に隙間ができるようなときは、剪定をしない。

●**立ち枝**　株から直立するように上へ伸びる枝。勢いがあるので、ほかの枝の養分を吸い取りかねない。

●**車枝**　幹の一ヵ所から放射状に数本の小枝が伸びる枝。針葉樹に多く見られる。一本だけ残して、ほかを切る。

●**かんぬき枝**　幹の左右前後に、対になって伸びる枝。幹から交互に枝が出ているように剪定する。マツ、カエデ、ハナミズキなどに多く見られる。

●**平行枝**　太さ長さとも同じような二本の枝が平行して伸びている枝。一方を切り落とす。

●**やご**　根元付近から萌芽した細い枝。ひこばえともいう。樹勢が衰えはじめている証拠である。放っておくと樹勢が弱まるので、切って樹勢を高める必要がある。

●**胴ふき**　幹から数本萌芽してきた枝。幹ふきともいう。放っておくとますます樹勢を弱めるので、見つけしだい切る。

●**枯れ枝**　栄養分をスムーズに行き渡らせるためにも、枯れてきた枝は切る。この場合、弱っているので、病気にならないように、切り口の手当てが大事だ。

●**病虫害枝**　見つけしだい切って、病気が

■ 忌み枝（不要枝）

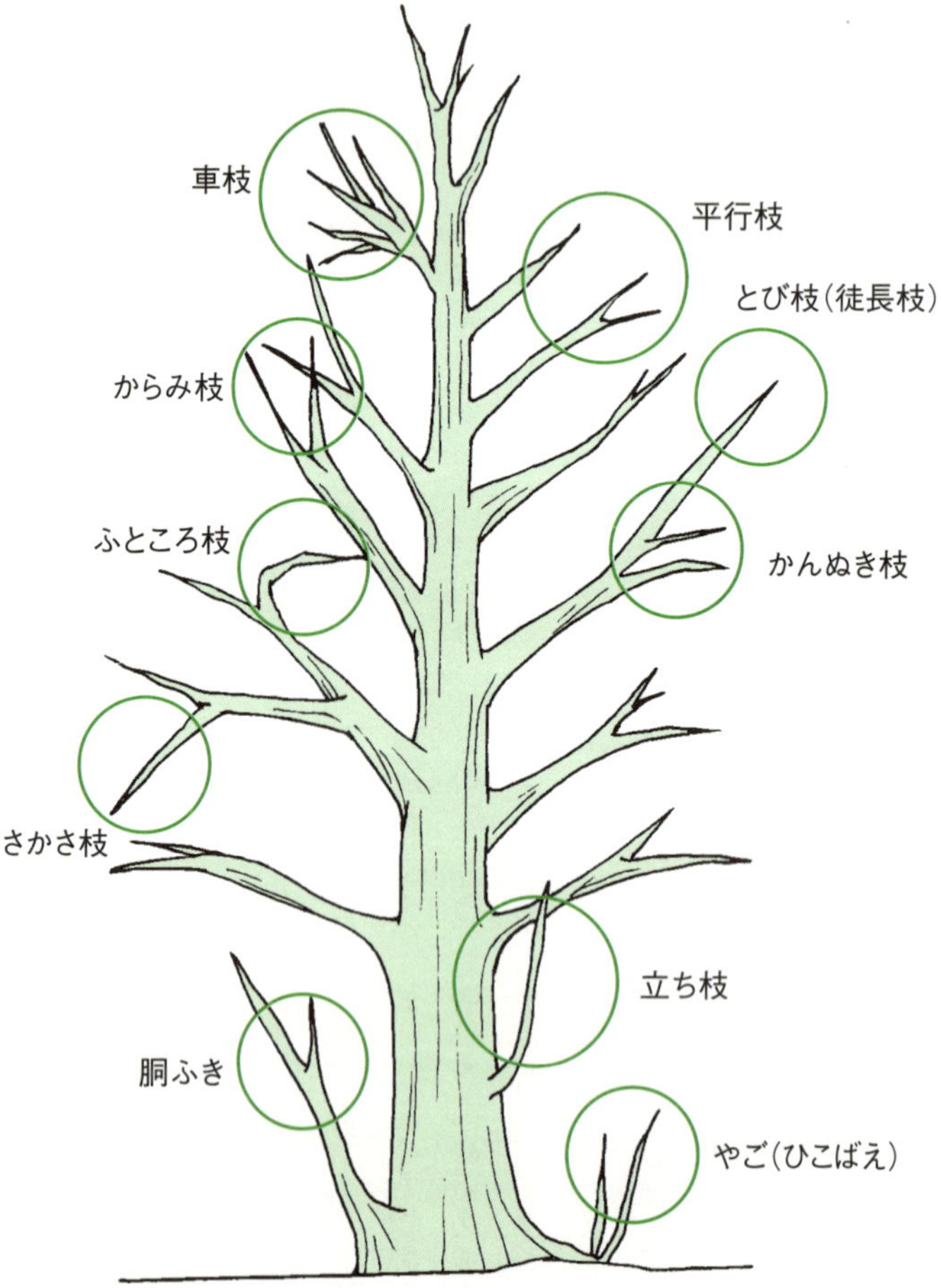
車枝
平行枝
とび枝（徒長枝）
からみ枝
ふところ枝
かんぬき枝
さかさ枝
立ち枝
胴ふき
やご（ひこばえ）

蔓延《まんえん》しないように焼却する。

剪定は思い切って大胆に

剪定に入ろう。それにはまず木をよく観察することだ。どの枝が忌み枝なのか、病虫害にやられている枝はないか、込みあって通気や採光を邪魔している枝葉はないか、樹形を乱している枝はどれか、どの枝を切り落としたらいいだろうか、と、見当をつけてみる。それから、いよいよ剪定にとりかかる。

剪定をするときに注意したいのは、心構えである。「これでいいだろうか」「切りすぎだろうか」とおそるおそる剪定ばさみを入れていると、切り口がぎざぎざになって腐食の原因になる。ああでもないこうでもない、と何度もはさみを入れ直して切り詰め、木に負担を強いたり、少しだけ切って、かえって枝に勢いをつけ徒長の原因になったり、思うように樹形が整わなかったりしがちだ。

剪定のコツは、この枝を切ると決めたら、大胆に、思い切って切る。もし、失敗しても枝は伸びて、それなりに樹形を整えてくれる。自分が切ったあと、木がどのように生長するのかを知る、いいチャンスでもある。

なんでもそうだが、「習うより慣れろ」である。何回か繰り返しているうちに、剪定の仕方は身についてくる。生長する木の姿かたちを考え、生長を見越して、切る枝、残す枝がわかってくる。ガーデニング用の道具バッグやエプロンから植木ばさみを取り出して、散歩がてら木々を見て歩き、葉や小枝を切る姿なんて、自然に対する愛情があふれているようで、ちょっとかっこいいではないか。

なお、自分の剪定がうまくいったかどうかを知りたいなら、一本のモデルとなる木を選んで、剪定したあとに、毎月デジカメで写真を撮り、一年間観察してみよう。枝はその後、どのように伸び、花はどのように咲くのか、写真を貼って、観察ノートをつくるのである。

切ったあとを美しく見せる工夫も大事

剪定のポイントは、大きな枝を切った場合、切ったあとが美しく見えるように剪定することだ。切り口が直接目に入ったり、切り口がぎざぎざしていたり、無造作に切った、というような感じが見えないように工夫することである。

たとえば、同じような枝が並び、枝葉が込みあっているときは、一本の枝を切って枝の本数を減らす「間引き剪定」をする。このとき、枝の中途で切らずに、かならず枝元で切る。すると、切り口が目に映りにくい。

また、枝の伸びる方向を変えるときは、長い枝を枝分かれした部分で切って、伸びる方向の異なる短い枝を残す「切り替え剪定」を行う。この場合は、枝分かれしているところで切る。しかも、切り口が飛び出さないように芽の上五ミリ～一センチのところで切ると目立ちにくい。

さらに、枝の長さを希望の長さに縮める

■切り口をきれいに見せる剪定

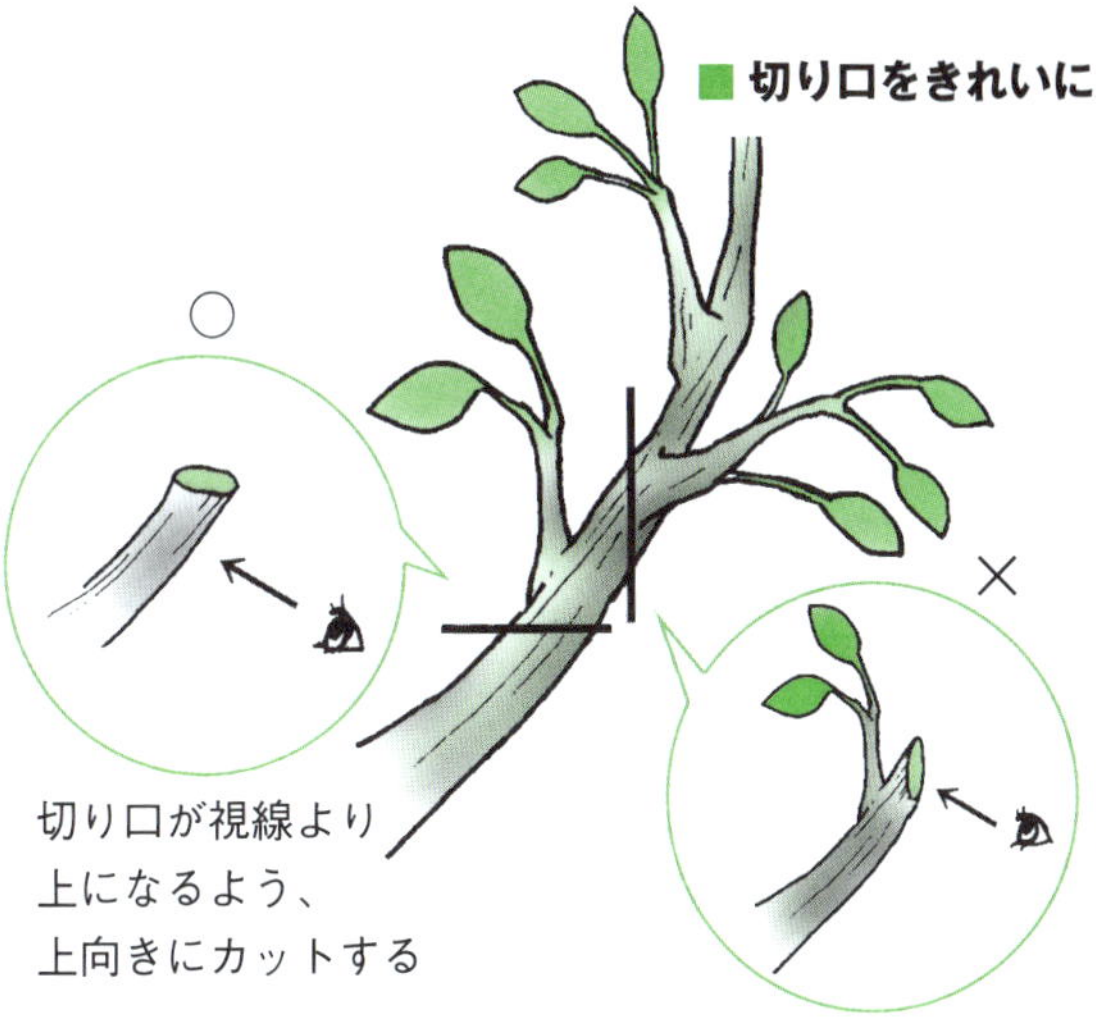

ために切る「切り戻し剪定」では、目線を考え、目線より下の枝を切るときは、図のように切り口が下向きになるように切り、目線より上の枝があるときは、切り口を上にすると、切り口がもろに見えない。

木は上方へと生長するため下枝が上がることがあるが、下側の枝が枯れ上がらないように、下枝は弱めに剪定し、上方を強めに剪定すると、安定した美しい樹形を保つことができる。そのためには、一部剪定をするたびに全体の形を何度も眺めながら行うこと、そして、剪定順序の基本を守って、上から下へ、外側から内部へ剪定していくと仕上がりが美しい。

庭木を大きく育てる剪定、小ぶりに育てる剪定

剪定には、前述のように、「間引き剪定」「切り替え剪定」「切り戻し剪定」があり、これらを組みあわせて、剪定していく。

ところで、剪定するときには、その木の性質を考え、大きく育てるのか、それとも、木の性質を生かしながらも小ぶりに育てるのか、考えておく必要がある。

小ぶりに育てたいときには、ある程度生長したところで、芯を止める。芯の止め方は、樹高を決めたら、その高さのところで、枝を切り詰めればいい。斜めに切ると方向を変えて生長するので、枝に対して直角に切る（233頁参照）。

枝透かしは枝先や葉のバランスを考えて

木がスムーズに生育するためには、二～三年に一度は枝透《えだす》かしをする。枝透かしというのは、枯れ枝や忌み枝、弱い枝を第一に切り、ついで、込みあった枝を切り除いて樹形を整えることだ。それによって、木の内部にまで日が当たり、風通しがよくなり、病虫害を防ぐことができ、枝葉が健全に伸長する。これが正確にできるのが、プロだといわれる。

枝透かしを行うときに大事なことは、枝先や葉の分量、またこれらの配置がかたよらないように、バランスを見ながら枝を選び、枝分かれしているところで透かすことだ。

この枝透かしは、小さな込みあっている

■ 枝透かしの種類

A 剪定前

C 大透かし

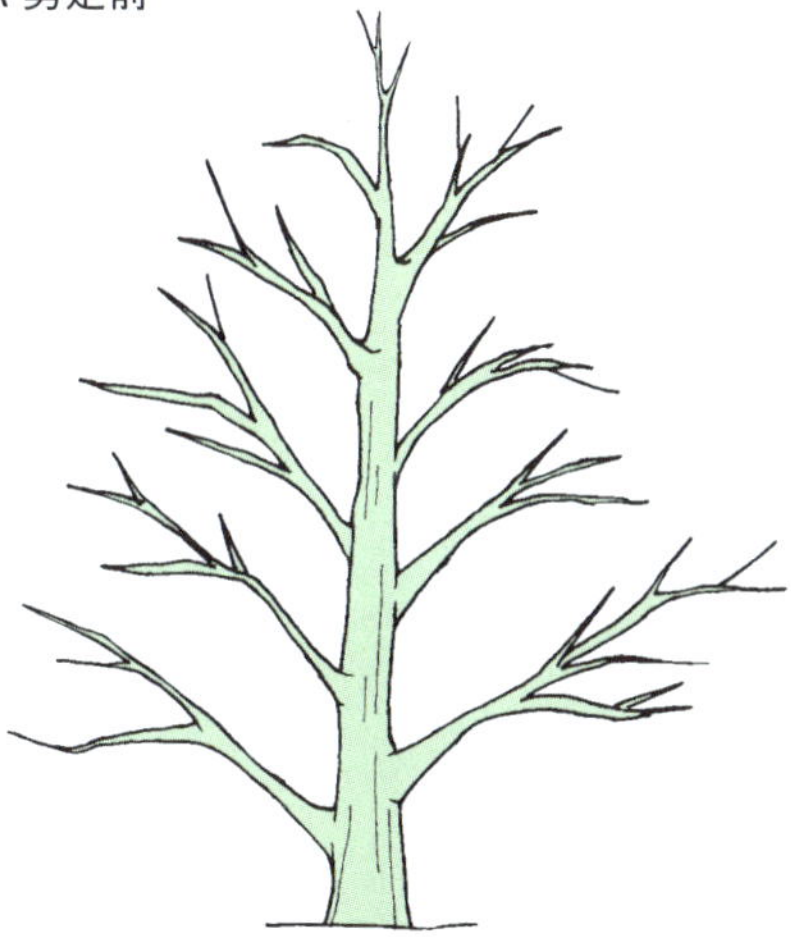

B 小透かし

庭の場合には、隣りあう木にも日が当たり、また、木周辺の地面の日当たりをよくするためにも行う。

枝透かしには、太い枝を幹に近い部分で枝抜《えだぬ》きする「大透《おおす》かし」、内部の中ぐらいの枝を切り取る「中透《ちゅうす》かし」、外部の小枝を枝元から切り取る「小透《こす》かし」がある。大透かしは、のこぎりを使用して、枝ぶりを内部から大きく整えるために行い、中透かしは、のこぎりや剪定ばさみで、大まかに枝葉を整えるときに、小透かしは植木ばさみで樹形からはみ出している枝先を切って、樹形をきれいに仕上げるために行う。

なお、透かしの種類の呼び名はいろいろある。「荒透かし」「野透かし」というのは、中透かしのこと。また、新枝の先の葉を二～三枚残してつまむ「三つ葉透かし」、三つに枝分かれした枝の中央の枝を抜く「三つ割」、小枝を指で引きちぎる「枝かき」、小枝を間引く「枝つめ」などは、小透かしにあたる。

枝先をふやすなら「切り戻し剪定」、樹形を小さくしたいなら「切り替え剪定」

枝や葉が透いていて、枝葉をふやしたほうがよい場合は、「切り戻し」をする。切り戻しとは、枝を途中で切り詰めて枝を短くし、樹形を整える剪定方法。切り詰めた部分からは数本の勢いのよい新梢《しんしょう》が伸び、先端の枝数はすぐにふえる。樹形は多少縮小化されるものの、若返った枝葉が密で、樹勢も回復できる。

■ 芽が伸びる剪定位置

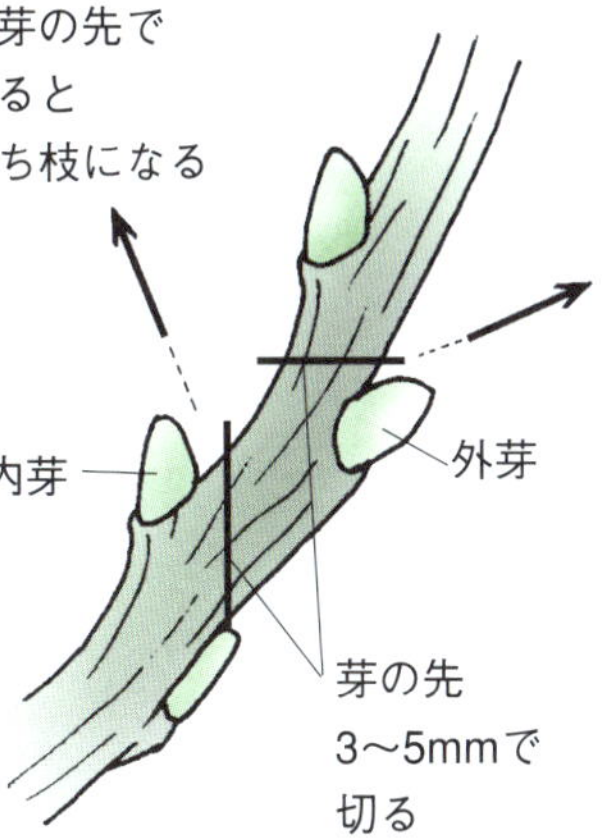
内芽の先で
切ると
外芽の先で
切ると枝は
横方向に伸びる

もし、さらに樹形を小さくしたいときは、強剪定するか、「切り替え剪定」をする。強剪定すると、一時的に樹形は小さくなるが、生長が促されて、前よりも枝が伸びることがある。これを避けるなら、枝分かれしている部分で長い枝を切り取り、切り替え剪定をすすめる。

なお、切り替えを行うときには、外芽《そとめ》の上、三〜五ミリのところを切り、枝を横に伸ばすのがポイント。芽に近すぎると、芽が乾燥して発芽しなくなり、離れすぎると、その部分が枯れる。また、内芽《うちめ》の上で切ると、枝が立って樹形が乱れる。

枝数を減らすなら枝抜き（枝おろし）

　育ちすぎて、密生している枝葉を減らすなら、枝抜きをする。枝おろしともいう。これは太い枝を枝元の、幹のつけ根のところから切り落とす方法。大木を移植するときに、枝葉の整理をして葉からの蒸散《じょうさん》作用を少なくし、根からの水分吸収とのバランスをとるために行うこともある。

　枝抜きのポイントは、一気に幹のつけ根で切るのではなく、二度に分けて行うこと。一気に行うと、枝の重みで途中で折れてしまい、そこから朽ちていくことがある。左図のように、つけ根より少し先の枝下にのこぎりを入れ、ついで、下よりずらして上にも切り込みを入れて、切り離し、長い枝を短くしたところで、つけ根から切っていく。最近では、枝のつけ根には、外からは見えないが、枝の生長点（細胞分裂が盛んなところ）があるので、生長を止めるのではなく、枝をおろして樹形を整えたいときは、これを切り落とさないように、枝のつけ根より少し上で切るようにと、いましめている。

　一般に、樹形が美しく見えるのは、横に広がる枝、水平よりもやや下方に向いている場合である。そこで、上向きの勢いのある枝を下ろして、下方に向く枝ばかりを残す傾向にあるが、こうすると木が弱ってくる。勢いのある木は枝が上へまっすぐに伸びようとする。勢いがないと枝は下方に向き、短くなる傾向にあるからだ。

　したがって枝抜きするときは、このこと

■ **枝おろし（太い枝の切り方）**

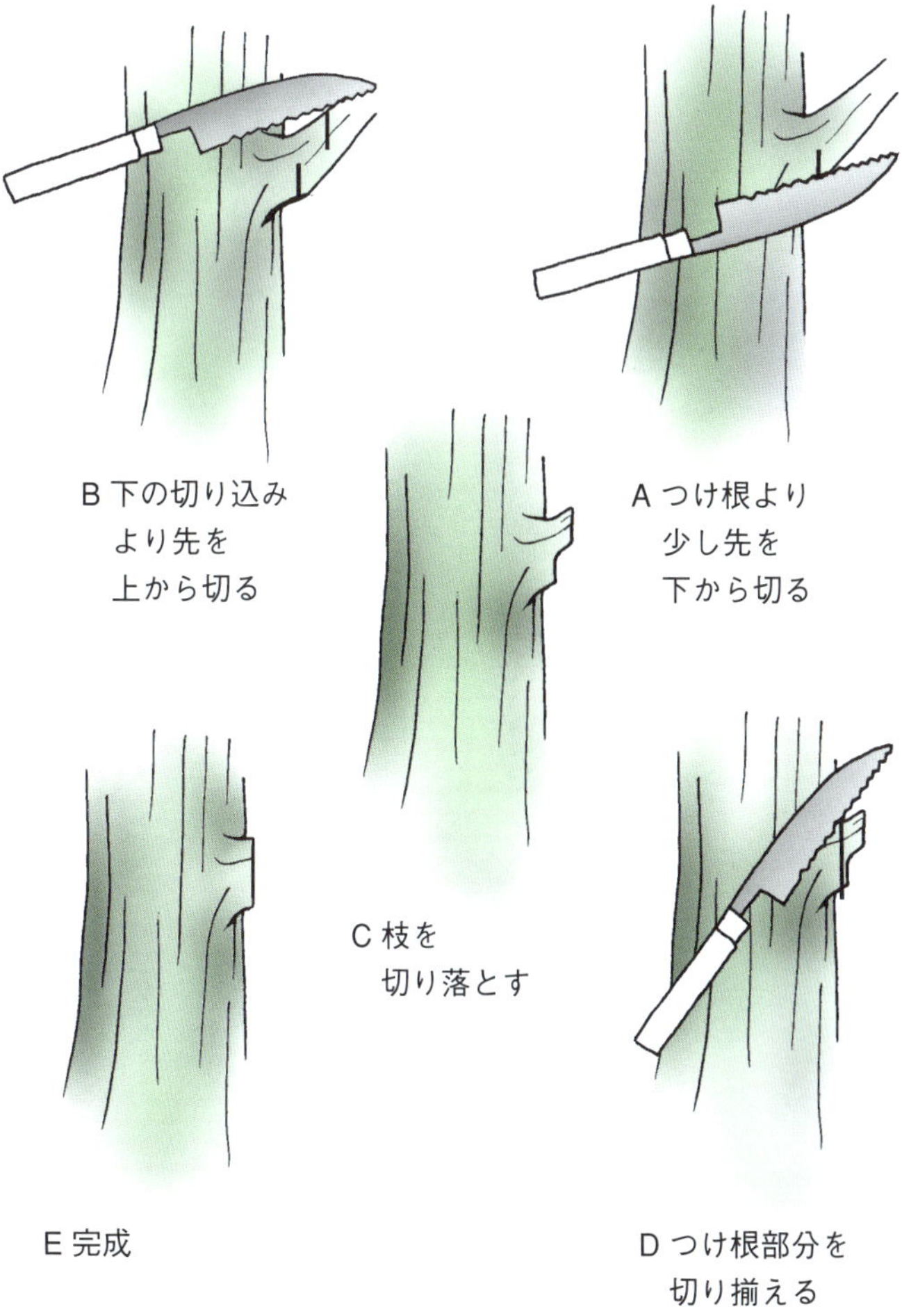

を考え、上向きの枝も残すことだ。なお、下向きばかりになった木は、バランスを見ながら、枝をヒモなどで引っぱり、上向きになるように誘引してやるといい。

枝垂れものは切り詰めない

シダレザクラ、シダレウメなど枝垂《しだ》れものは、狭い庭にむく樹木である。そのうえ、枝葉が風に揺れる姿に風情があると、近頃、人気である。

しかし、枝垂れものは、一般の木と扱い方がちょっと異なる。その一つが、「枝垂れものは枝先を剪定してはいけない」ということだ。剪定すると枝が短く、切り口がぷつんとして、趣がなくなり、しばらくすると切り口から何本も枝が出てきて、不自然な形になる。

もし、枝垂れものを剪定したいなら、枝先ではなく、その枝の元から切り、枝葉を透いてやる。

刈り込み

萌芽力が強い木は刈り込む

刈り込みは、樹冠《じゅかん》を整えることが目的なので、神経質にならずに、刈り込みばさみで枝先を落とせばいい。はじめてはさみを持つ人に適した技法で、時間もかからない。失敗が少ない方法ともいえる。

まず、生垣《いけがき》などの刈り込みをすすめる。多少のでこぼこや失敗も気にならない。ここで技術を磨いてから、はさみによる剪定《せんてい》をマスターすればいいだろう。われわれも講習会ではそのように教えている。

ただし、芽のない中途のところで枝が刈り取られたり、葉や芽を、はさみでつぶしてしまったりすることもあり、木を傷めやすいのが欠点である。萌芽力のない木はひとたまりもない。つまり、刈り込みは、株立ちや小枝が密生していて隙間が少なく、樹勢が強く、萌芽力の強い木に適している。たとえば、イチイ、カイヅカイブキ、キャラボク、ヒノキなどの針葉樹、イヌツゲ、サツキ、ジンチョウゲ、ツツジ、ベニカナメモチ、マサキなどの常緑樹、ドウダンツツジなどの落葉樹だ。ただし、萌芽力があっても、前述のように、枝垂《しだ》れものには、刈り込みはしないほうがいい。枝先の、風に舞うような繊細な美しさ、やわらかさが消えてしまうからだ。

ついでに、剪定も最初はむずかしい。そこでわれわれは、どこを切っても枝が伸びてくれるモチノキのような木の剪定を、最初に教える。まちがっても、スギやイブキのような木は教えない。古い枝を落としてしまうと芽が出ないので、これは剪定がかなりうまくなってからのことだ。

樹冠を大きくするなら弱めの刈り込み、小さくするなら強めの刈り込み

刈り込みのポイントは、刈り込む基準線をはっきりさせ、前回に刈り込んだ部分より、少し外側を刈り込んでいくことだ。

徒長枝《とちょうし》（とび枝／242頁参照）など樹冠を壊すような枝は、あらかじめ、その枝だけを基準線より奥の枝元で切っておく。

樹冠を大きくする場合は、刈り込み部分を少なめにして、枝葉をそろえるくらいに、弱剪定《じゃくせんてい》で刈り込む。樹冠を小さくしたいなら、刈り込み部分を大きくとり、強《きょう》剪定にする。

ただし、あまり刈り込みすぎると、芽や葉をつぶして、翌年、芽が出なくなることがあるので大変だ。強剪定するときは、芽の位置を確かめながら刈り込んでいく必要がある。

ただ、なかには、強く刈り込んでも大丈夫な樹木もある。古い枝からも発芽するような、たとえばジンチョウゲのような樹木だ。

■剪定の強弱

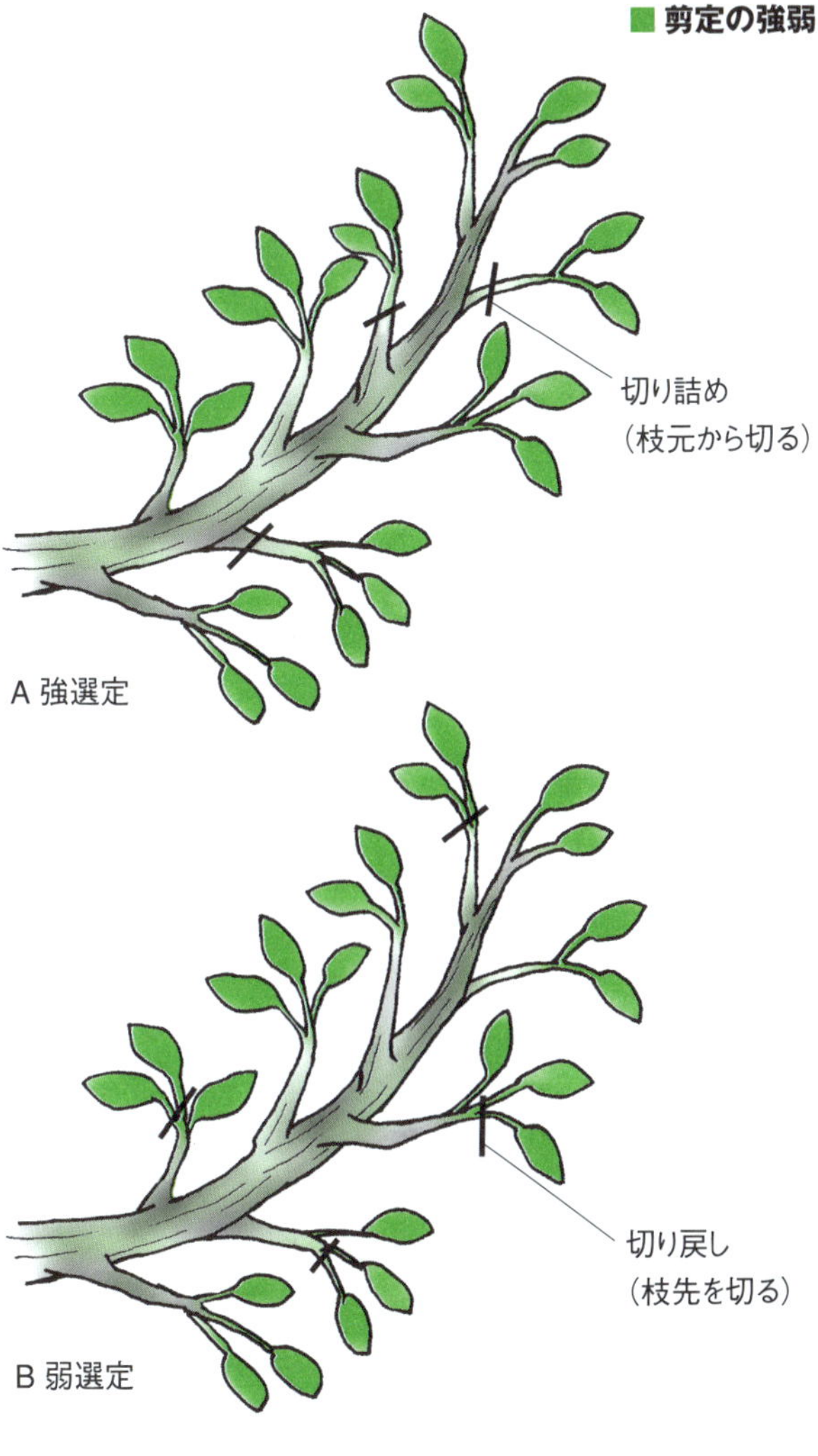
切り詰め
（枝元から切る）
A 強選定
切り戻し
（枝先を切る）
B 弱選定

刈り込みが終わったら、木は疲れているので、水をたっぷり与え、その後、即効性の肥料を与えるといいだろう。

仕立てるなら、生長途中から強く刈り込む

刈り込んで、球形、楕円形、角形にしたり、玉散らしに仕立てたりする場合、あるいは動物などの形にするトピアリーを楽しむ場合には、少し技術が必要になる。

この場合は、あとからやろうと思っても無理があるので、木が幼いうちから形をつくって育てる。木がまだ小さいうちは弱剪定を行って、枝葉を伸ばしながら形を整え、生長が促されるようになったら、少し強めに刈り込み、目標とする大きさに生長したところで芯を止め、その後は、強めに刈り込んで形を保つようにする。

もし、途中から刈り込んで仕立てたいと思ったら、少し強めに刈り込む。二～三年は、枝の切り口が見えたり、不ぞろいだったりするが、だんだん整い、きれいな枝葉の表面を見せてくれる。

生垣のように角形に刈り込むときは、260頁図を参照してほしい。

まず、側面を下から上へ向けて刈り込んでいく。というのも、下枝のほうが上枝よりも萌芽力が弱いので、下枝は弱剪定で刈り込んで、徐々に強剪定にしていくと、均一に仕上がる。

ついで、左右の角にポールを立てて、刈り込む高さに水糸を張り、高さを決め、平らになるように刈り込む。終わったら、全

体を眺め、でこぼこを修正していく。

枝葉が部分的に透いている場合がある。この場合は、周辺の小枝を誘引して補修し、誘引できないなら、その部分を四角くくり抜いて飾りにする手もある。

真夏や真冬の刈り込みは避ける

刈り込みの時期は、一般に、生長が止まって新芽が固まる五～六月ころか、葉が茂って生長が緩《ゆる》やかになる九月ころに行う。

ただし、花を楽しむサザンカやツバキ、ツツジなどは、花後すぐに刈り込めば、花《はな》芽《め》を落とさなくてすむ。

赤い新芽がきれいなベニカナメモチは、赤い芽が伸びる四～六月ころに刈り込むと、もう一度赤い芽を楽しむことができる。

ドウダンツツジの紅葉を愛でるなら、六月までに刈り込みを終えておくことだ。

また、イヌツゲのように、徒長枝が出やすいものは、伸びるたびに奥の枝分かれするところで切り戻し、全体を弱く刈り込む。

なお、いずれの場合も、真夏の暑い時期や真冬の寒い時期は、木が弱っているので、刈り込むのは避けるべきだ。

刈り込みばさみの使い方は

刈り込みばさみは、260頁図のように裏表がある。刃先が反っているほうが表である。この両方を使って、表面が滑らかになるように刈り込むのがコツだ。

表使いにすると、手の位置が高くなるの

■ 刈り込みばさみの使い方

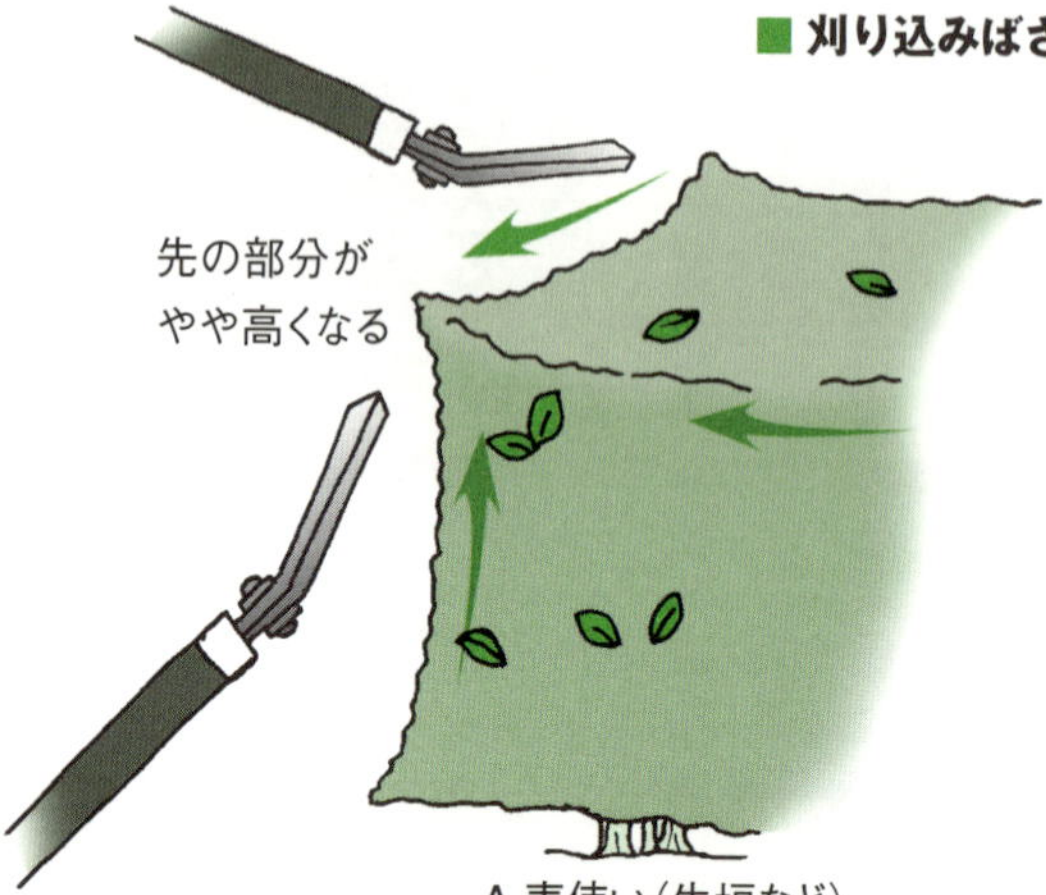

A 表使い（生垣など）

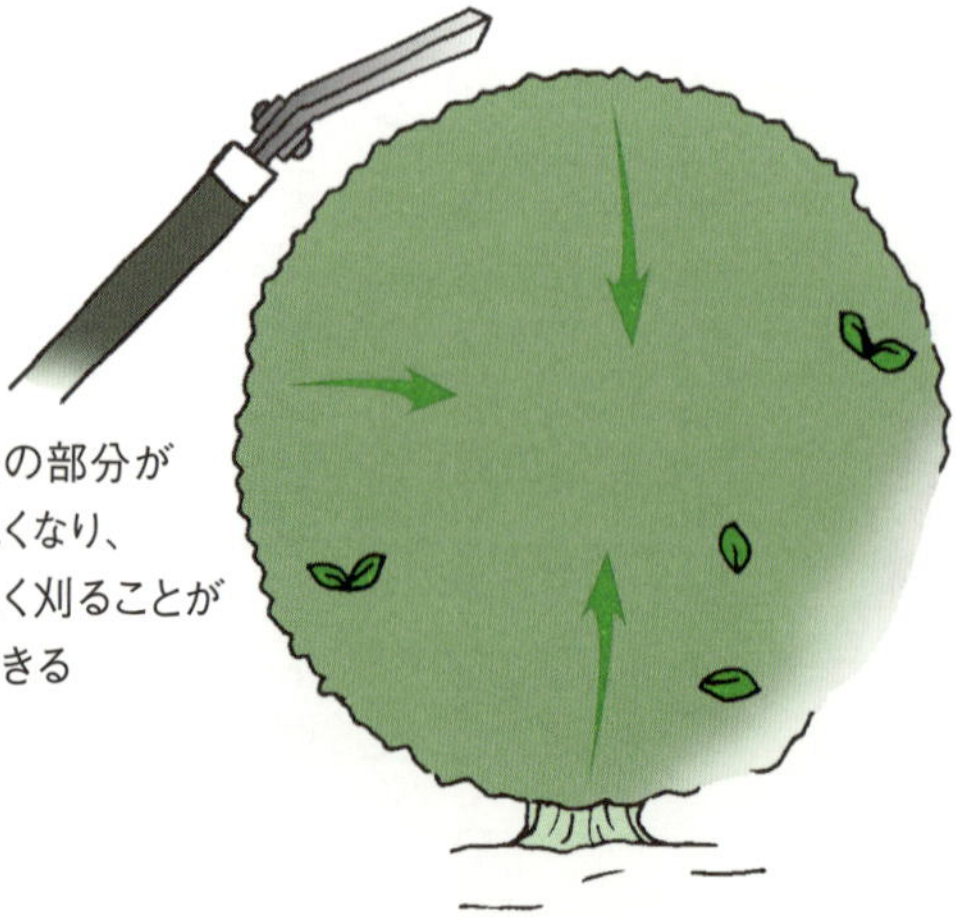
先の部分が
低くなり、
丸く刈ることが
できる

B 裏使い（玉ものなど）

で、生垣などの水平面を刈り込むときに都合がよい。逆に、裏使いにすると、手の位置が下がるので、玉ものなど丸いところを刈り込むときによい。飛び出た枝や葉のくずを落とすときも裏使いにする。

また、刈り込みばさみは、両手を動かすのではなく、一方の柄を樹冠の位置に固定し、もう一方の柄を動かして、少しずつずらしながら刈り込んでいくと安定する。

特殊な剪定

マツのみどり摘み

春になると、マツの枝先に、数センチの新芽が数本出る。これを「みどり」という。一般に剪定《せんてい》を嫌う樹木に対しては、「芽つぶし」といって、生長する前に芽をつぶして、節《ふし》が間延びしないように、美しい姿を保つ方法がある。マツの「みどり摘み」も、この芽つぶしの一つである。

みどり摘みの方法は地域によって違うし、アカマツかクロマツか、マツの種類によっても違う。木の状態を見て行う。一般には、この芽が枝になり葉が開こうとする五月の半ばころ、将来伸ばそうとする芽はそのままにして、芽の一部かすべてを、元から摘み取ってしまう。あるいはマツの生長を調整するために、半分に折る方法もある。

摘み方は指先で行う。松の枝を長めにしたい場合は、芽の先を三分の一ほど摘み、枝を伸ばしたくないときは、三分の一ほどを残して摘み取る。芽の本数が多いようなら、三本を残してあとは元から摘み取って調整していく。こうして、全体のマツの生長が同じ程度になるようにコントロールする。

■ マツの剪定

A マツのみどり摘み

B マツのもみあげ

マツのもみあげ

「もみあげ」とはマツの古葉取りのこと。一〇月ころ、今年の葉を残して、その下の古葉を、指先でもみ上げるようにしてむしり取っていく。こうして少しでも葉を減らし、マツの内部にまで日が当たり、風通しがよくなるようにするのが目的だ。

これを行うときは、枯れたり、込みあったりする不必要な枝を取り除いてから、上枝から順に行う。

本年枝の枝先の古葉は多めに残すが、枝元や前年枝の古葉はすべてむしり取る。また、太く強くしたい枝の古葉は少なめに取り、樹勢を抑えたい枝の古葉は多めに取る。

しかしながら、もみあげは高度な技術なので、プロにまかせたほうがよい。

その他の剪定整枝

樹形を変えるなら捻枝

枝が一方向にばかり出ている、平行な枝だが切り取るには忍びない、枝の方向を変えればバランスがとれる、というときに行うのが捻枝《ねんし》である。

バランスが整う方向に、枝を曲げ、シュロ縄などで結わいて固定する。あるいは、花木《かぼく》で花がつかない場合がある。このときは生長を押さえるために、枝を下方に捻《ね》じ曲げると生長が押さえられ、花が咲くようになる。

摘芯は早すぎず遅すぎず

摘芯《てきしん》は、新梢《しんしょう》が木質化しないように、やわらかいうちに先端部分の芯芽を摘み取って、枝が伸びすぎないようにする方法。枝が生長する前の五～七月の間に、それぞれの枝の新梢を、強弱をつけて摘み取っていく。すると、残った枝は充実する。

ただし、あまり摘みすぎると、生長が押さえられ、木が弱ることがあるので、摘み取る強弱のバランスが大事だ。

摘芽は芽の性質を考えて

摘芽《てきが》は、芽かきともいう。芽が生長して枝や葉になる前に、ナイフなどで芽をかき取ることをいう。ただ、新芽をやたらにかき取れば、樹勢が弱まるので、樹形を乱すような不定芽《ふていが》、幹吹きになるような芽、不要な花芽《はなめ》などをかき取る。

摘蕾は大きな花を咲かせるために

花の数や大きさを調整するために、つぼみのうちから摘み取る方法を摘蕾《てきらい》という。

とくに、つぼみがたくさんつきすぎた場合に行うが、美しい花を咲かせるために、つぼみを一つに絞り、ほかのすべてを摘むこともある。

摘花は全体のバランスを大切に

摘花《てきか》は、花を結実させる必要がないときに、子房を残さないように花がらを摘む方法。アセビやカルミア、ツツジなどは、きれいな花を次々と咲かせる方向にエネルギーが回るように、花がしおれる前に摘む。果樹の場合は、実を大きくするために、開花したら早めに花を摘む。

ただし、全体にバランスよく摘んでおかないと、結実しても大きく育ちにくいし、花を摘みすぎても、今度は受粉する機会が少なくなり、実がなりにくくなる。

摘果は大きな実を結実させるために

摘果《てきか》は、充実した実を残すために、実が小さいうちに摘み、残った実を大きく育てる方法。早くやりすぎると、充実したよい実を間引くおそれがある。大きくなりすぎてからでは、養分が分散するので、あとで間引いても効果が出にくい。残すべき充実した実ということがわかった時点で、すぐにやることが大事だ。

家庭では、ビワやブドウなどの摘果を行うことが多い。とくにビワは、一枝にたくさんの実がつくので、よい実を二～三個残して、あとは摘むと、大きな実がなる。

ブドウの場合は、一粒が大豆大になったときに、それぞれの実に日が当たるように、バランスよく実を間引いていく。

花つきをよくするために

花芽を切らないように剪定時期を守る

花木《かぼく》を植えたばかりのときはきれいに咲いたが、それ以降、花の数が少なくなった、花がきれいに咲かない、まったく咲かなくなった、というケースは少なくない。

その第一が、剪定《せんてい》の失敗である。剪定する時期をまちがえて、花芽《はなめ》を切ってしまったのである。剪定時期に関しては240頁の表を参考にしてほしい。

また、花が咲いたらすでに花芽が下に出ているようなアジサイなどの場合は、しばらく剪定しないで、枝が荒れてきたら、翌年の花を犠牲にして、枝をばっさりと切り詰めるしかない。こうすれば枝葉も整い、更新されて、再来年にはまた立派な花が咲く。

そのほか、枝を切るときに花芽をつぶすことがないように、枝の剪定場所を考え、よく研《と》いだ、切れる剪定ばさみで、一気に切り取る技術を磨く必要もある。

木が若いと、開花より生長にエネルギーが使われる

花木というので購入したが、一度も花が

咲かない、という場合は、木が若いということもある。

若いうちは、花よりも生長のほうにエネルギーが回る。人間と同じで、木も成熟しなければ、種族保存のために花を咲かせようとはしない。もうしばらく、待つことだ。

根切りをすると、子孫を残すために花を咲かせることが

立派な木に生長したのに花が咲かないのは、枝葉に養分が回り、まだ種族保存を自覚していないのかもしれない。そこで、昔からやられてきたのが根切りである。鋭い刃のスコップで、木の周囲をつつくようにして細根を切っていく。すると、木は自分の衰えを自覚して花を咲かせるようになる。

花を咲かせ、実を結んで、子孫を残そうとするわけだ。

ただし、一～二ヵ所やれば十分で、何ヵ所も根切りをすると、単に刺激を与えるだけでなく、ほんとうに樹勢が衰えてしまうので、注意が必要だ。スコップを入れる場所は、樹冠《じゅかん》の先端の少し内側。ここなら細根が多い。

環状剥離で花つきをよくする

花つきをよくするためのプロの手法として、環状剥離《かんじょうはくり》という方法がある。

太い枝の皮と、白くて薄い甘皮を、一～一・五センチほどぐるりと環状にむいてしまう。木質部だけがむき出しになる。すると、樹勢が抑制されて、根切りしたときと

同じような効果により、花が咲くようになる。しかし、下手にやると枝を枯らすことがあるので、注意が必要だ。

肥料のやりすぎは花をつけない

花を美しく咲かせるためにと、つい肥料を与えたくなるが、草花とはちがい、庭木には肥料はいらない。冬場や、数年に一度、土を耕すようなときに肥料をやればいい。

むしろ肥料を与えることによる弊害のほうが多い。花が咲かなくなるのもその一例だ。とくに花芽がつく時期に肥料を与えると、その肥料は花ではなく、枝葉に回り、枝葉の充実のために栄養分は使われてしまう。

もしやるなら、花が咲き終わってからだ。これを花後のお礼肥《れいご》えという。花を咲かせるには、リン酸肥料を与える。

日当たりの悪さも開花に影響する

花芽は栄養分を蓄えることによってつくられる。日当たりが悪く、光合成が行われなければ、花芽はつくられない。ほかの木の日陰になっているようなら、周囲の木を剪定して、日が当たるように工夫してみよう。

また、その木自身も、枝葉が多くうっそうとしていると、花芽は陰になり育ちにくい。透かし剪定をする必要がある。

庭の管理

雑草取りは雨後にまめに行う

庭はいいけど、草取りがいやだ、という人は多い。ちょっと手を抜くとうっそうとしてくる。庭の管理をまめにしているかどうかが一目でわかってしまう。とくに梅雨時から夏にかけては、一週間で庭の様子は一変してしまう。

雑草はまめに抜くしかない。雑草が大きく生長して根を張ってくると、それだけ時間も労力もかかるので、雑草は生えはじめのころにまめに抜く。

とくにうす曇りで湿度が高いとき、晴天でも雨後の場合は、土も湿り気を帯びて抜きやすくなる。根まで抜けないような場合は、少し深めのところを、鎌で引っかけるようにして刈り取る。

除草剤などは、プライベートな庭には使用しないほうがよい。

芝は刈り込みによって密な芝生になる

芝は、何回もまめに刈り込むと、生長が早く、密なきれいな芝生になる。刈り込みの高さは三センチくらいが適当で、電動式の芝刈り機を利用するのが手軽だ。

芝を刈ったあとは、芝生に目土《めつち》（畑土などの良質な土）をかけておくといい。匍匐《ほふく》している茎から不定芽《ふていが》を発芽させて、芝を密にすることができ、さらに土地のでこぼこを平らにすることもできる。

目土としては、一般の土と砂、堆肥《たいひ》、ピートモス（保水力に富む園芸用土、216頁参照）をブレンドして使用する。年三～四回の刈り込み後のほか、春の芽が出るころにも目土をまく。

そのほか、芝生の管理としては、施肥《せひ》がある。一般には、夏芝には三月、五月、九月前後の年三回、冬芝は、二月、四月、六月、九月、一〇月の五回、与えるとよく生育する。肥料の三要素のチッソとリン、カリのうち、チッソが多いほうがいい。

なお、長期に植えていると土が固くなり、通気や排水が悪くなるので、それを避けるために、エアレーション（孔を開ける）の必要があるが、スパイクのついたゴルフシューズで歩くのは一石二鳥である。

寒さが厳しい地域の防寒対策

寒い地方では木の防寒が必要だ。木が生長するために大切なのは、なんといっても根だが、ついで大切なのは幹。ここには、表皮と木質部の間に形成層という層があり、根で吸い上げた養水分の通り道である導管と、葉でつくられた栄養分の通り道のふるい（篩）管が通っている。この形成層を傷めてはならない。そこで、寒さが厳しい地域では、冬、幹にコモを巻いて形成層を保護する。

　コモはワラでできた幹巻きのことで、前にも話したが、西日が強いところにも使用する。今はコモのかわりに緑化テープを使っている。とくに、移植して迎えたはじめての冬は、根を切っているので十分に水分を吸い上げることができず、形成層は乾燥しやすい状態にある。寒風にさらされたり、強い西日を浴びればひとたまりもない。とたんに樹勢を失う。コモや緑化テープは必需品である。

肥料は一年後でいい

　「肥えあたり」という言葉がある。どんなにすぐれた栄養分たっぷりの食物でも、過多に栄養を与えると、思うように消化吸収できず、かえってお腹を壊してしまう。あるいは、動脈硬化や高血圧、心臓病など、さまざまな病気を引き起こしかねない。

　植物の場合も、これと同じこと。肥料は控えめに与えるべきである。とくに、移植したときは、事前に根回しして、根を傷めている。そこに肥料をたっぷり与えたら、ひとたまりもない。

　移植前には当然、土を耕し、堆肥、骨粉《こっぷん》、鶏糞《けいふん》などの元肥《がんぴ》を入れて土づくりをしているので、栄養はそれで十分。少なくとも一年は肥料を与える必要はない。

　いまはなにかといえば、肥料、肥料というが、もともと、庭に植えるときは、肥料を気にする必要はない。木にとっては、土の状態の方が大きな影響がある。もし、土がやせているようなら、一年後、根元がしっかりしたところで、追肥《ついひ》をすればいい。そのときは、緩効性《かんこうせい》肥料か、堆肥、油粕《あぶらかす》、鶏糞などの有機肥料を与えよう。

肥料は根から離してまく

施肥は、若木やバラなど特殊な木を中心に行う。

与えるときは、根から離してまくことが原則。肥料が直接根にあたると、肥え焼けを起こすことがあるからである。とくに、生ゴミなどを肥料代わりに用いる場合、根の近くに埋め込んだら、生ゴミが発酵するときに出るメタンガスが根に悪影響を及ぼし、根腐《ねくさ》れを起こすことがあるので注意しよう。有機肥料は、十分に発酵しているものを使用することである。生ゴミを利用するなら、庭の隅に、底に水分を排泄《はいせつ》する穴を空けた大きなバケツを埋め込んで、完全に発酵させるまで、毎日かき混ぜながら寝かすことが大事だ。

肥料の与え方は、木の幹から三〇センチくらい離れ、下枝の先端から垂直に下りたあたりに、深さ、幅とも二〇～三〇センチの穴を掘ってすき込んでいく。掘って埋めるので、根切りの効果もある。

肥料のまき方にはいろいろな方法がある。幹のまわりに数個の穴を掘ってすき込む方法、放射状に穴を掘ってすき込む方法、輪状に穴を掘ってすき込む方法などである。肥料になる草木の灰は、化成肥料と違って効果が緩《ゆる》やかなので、幹の周辺にバラまきにしてすき込んでもいい。生垣《いけがき》などは、その手前に穴を掘って肥料をすき込んでいく。

■肥料の与え方

A 穴を掘って埋め込む

B 穴を輪状に掘って埋め込む

C 穴を放射状に掘って埋め込む

D 生垣の手前に埋め込む

樹木の病虫害の予防と対策

樹木を管理するうえで、注意すべきことは、第一に病虫害から樹木を守ってやることである。

毎日樹木を見ていれば、病虫害に冒された樹木は、幹に虫がうごめいていたり、葉が変色したり、縮んだり、虫に食べられていたり、実がならなくなったりする。そのまま放置していると、木に勢いがなくなって、やがて枯れてしまう。また、なかには、伝染性の病気もあり、次々に木が被害を受けることもある。早期に病虫害を発見することが大事である。

ただし、近ごろは、農薬の使用が厳しくなった。とくに都会の小さな庭で農薬を使用すると、隣近所の迷惑にもなり、農薬の害も取りざたされている。

どうしても散布するときには、できるだけ農薬が散らないように、早朝、または夜間の風のないときに行い、散布が広範にわたるときは、専門業者に依頼したほうがよい。

あらかじめ、隣近所には話をし、賛同を得て、農薬を吸い込まないように、部屋を閉め切ってもらうなど、風に乗って農薬が入らないように準備をしてもらわなければならない。

いままでは、病虫害にかかった樹木には治療と予防を兼ねて農薬の散布が一般的であったが、いまは、簡単ではない。

病虫害に冒された樹木は、基本的には処分するのが正しい。それを避けるためには、病虫害にかからないように予防することである。

私たちがとりあえずできる予防法を最後に記しておいたので、それを参考にしてほしい。

樹木のおもな害虫

地球の温暖化の影響か、発生する害虫の種類も変わってきた。その一つがイラガである。有毒の毛虫で、小ぶりながら毒を持った肉質の突起で武装して、葉を食い尽くしていく。刺されると電気が走ったような痛みがある。七〜八月ころに発生するが、一〇月ころにも発生する。

このイラガ、数年前まではあまり東京では見かけなかったが、最近はすごい。このところ、猛発生している。カキ、ウメ、カエデ、ヤナギなどがやられている。

サクラにとっても、イラガは問題だが、それ以上にサクラを荒らしているのが、コガネムシ。幼虫は根を荒らし、養分の吸収ができなくなった木は、枯れて倒れることがある。成虫は葉を食べる。それも、全部を食べるのではなく、やわらかいところだけを食べて、葉脈のような硬いところを残す。よけい木は無残な姿になる。

しかも、散歩して眺め、サクラがきれいだなどというときは、コガネムシには気がつかない。

コガネムシは、暖かい時期は土の表面にいるが、寒いときは土の中にいて、春先になると、夜に土の中から出てくる。成虫は捕まえようとすると飛んで逃げていく。このコガネムシにサクラはやられる。

モチノキもこれにやられている。これも寒さが昔ほどではないからかもしれない。

農薬の使い方は慎重に

現在、農薬は安易に使用することができない。できるだけ農薬を使用しなくてもすむように、木や草花の手入れをきちんと行い、害虫や病気の予防をすることだ。とくに、次の点を頭に入れておいてほしい。

1 剪定を定期的に行い、しばしば木を観察して、不要枝や込みあった枝葉を取り除き、風通しをよくする。
2 庭をときどき配置替えする。
3 草取りをまめにする。
4 ケムシなどの害虫は、箸などで捕獲して取り除く。
5 病害虫を寄せつけないコンパニオンプランツ（ペチュニア、ナスタチウム、マリーゴールドなどの共栄植物）を活用する。
6 病害虫防除・予防のための農薬の散布はやめ、虫や病気の発生で困った場合のみに農薬を使用する。庭などでの使用も法の対象になるので注意しておこう。近ごろ、出荷前の野菜畑などに農薬がかかると、その野菜は出荷できない。動力機械を使用する散布も極力避けよう。

7 農薬を使用するときは、ラベルをよく確かめ、植物指定になっている場合は、それに従う。たとえば、樹木指定なら木のいずれにも使用できるが、「バラ」、「キク」など特定の植物を指定している場合がある。バラの農薬を一般の木に使用することはできない。もし、使用して害が生じた場合には、散布した個人の責任になり、懲罰を受けることもある。

8 農薬を散布するときは近所に知らせる。生垣《いけがき》などは、通学時間帯の散布は避ける。

■樹木のおもな病気

病名	症状	対処
赤星病	葉や茎に赤く丸い毛羽立ったような斑点が、4～5月ごろに見られる。冬の間、ハイビャクシンなどに病原菌が潜んでいて、春に花木に移って発病。	病気を発見したら、焼却処分する。
うどん粉病	芽、葉、茎に白い粉のような斑点ができ、全体が粉をふいたようになる。やがて、葉がねじれたり、花に感染すると開花せずに、つぼみのまま枯れたりすることがある。病原菌は、植物によって異なり、バラのうどん粉病はバラだけが感染して発病し、ほかの植物にはうつらない。発生時期は4～10月ころ。梅雨期がピーク。	すぐに抜いて焼却。
黒星病	葉や実などに、大きさがさまざまな黒い斑点ができる。春先から梅雨期にかけての高温多湿な時期に多く見られる。とくに、ウメ、モモなどに多い。	葉や実を処分。
さび病	葉に小さなブツブツができ、その薄皮が破れて中からさびのような粉が出てくる。いろいろなタイプのさび病があり、それぞれ発生時期は異なる。原因はカビである。	込みあった枝葉を刈り、通気性をよくする。

病名	症状	対処
すす病	葉や枝に黒い煤のようなものがつき、葉が汚れて見える。この汚れのようなものが覆って、樹木は炭酸同化作用ができず、やがて枯れる。アブラムシやカイガラムシなどの排泄物に、このカビがついて病気を広げることもある。8〜11月ごろ、カラマツ、ミカンなどに見られる。	すぐに焼却処分。予防をするには、込みあっている枝葉を整理して、風通しをよくすることが第一。ついで、アブラムシやカイガラムシなどの駆除を。
炭そ病	葉、茎、花に不定形な斑ができてへこみ、この周辺部分に炭素のような黒い点々が出てくる。植物によって病原菌は異なり、たとえばツバキの炭そ病の病原菌は、ほかの植物をおかさない。4〜10月ころ、とくに梅雨時や秋の長雨時に多い。	被害の部分を切って伝染を防ぐ。
灰色カビ病	花弁やつぼみ、茎葉などにカビが発生、それが広がって、冒された部分は腐ってくる。4〜5月ころの、気温がやや低い湿度の多い時期に見られ、高温になると発生しない。	被害を受けた花やつぼみ、茎、葉はその部分を摘み取る。
べと病	葉の表面に汚れが付着したような斑が出て広がる。梅雨時期や夏の高温多湿の時期で、枝葉が込みあって蒸れたときに発生。	ほどよく剪定して、風通しをよくすることが第一。
もち病	葉がおもちを焼いたときのように膨れる病気。放っておくと黒くなって腐る。梅雨時期や秋の長雨のころ、サザンカ、ツバキ、サツキ、ツツジなどに発生。多湿が温床となるもち病菌の繁殖が原因。	すぐに切り取って処分。

■樹木のおもな害虫

病名	症状
アブラムシ	芽やつぼみ、葉の裏などに幼虫が寄生して、樹液を吸うので、葉や芽が黄変する。すす病のほか、ぼんやりした濃淡がまだらに入るモザイク病などのウィルスによる病気の原因になることも。
イラガ	短く大きな毒針をもつケムシの仲間で、葉を食い荒らす。針にさされると激しい痛みがあるので注意。春・夏の年1〜2回発生。
エカキムシ	葉の中にもぐりこんで、葉肉を食べながら移動。移動跡が葉の表面に白っぽく絵を描いたように見えることから、この名がある。
カイガラムシ	白または灰色の貝殻状の殻を持つムシで、群れになって樹液を吸い、葉を黄変させたり、枯らしたりする。すす病の原因になることもある。梅雨期から夏に向けて多発。
グンバイムシ	葉の裏に群がって汁を吸い、葉の表にはかすり模様の斑点ができる。サツキやツツジ類に群がる害虫。
ハダニ	肉眼では見えにくく、葉の裏について汁を吸う。被害を受けると、葉の色が悪くなり、カサカサして縮れてくる。高温で乾燥しやすい地域に多く見られ、7〜9月ころに発生。葉の裏を注意して観察することが大事。
ハマキムシ	葉を巻いたり、繰りあわせたりしてその中に生息している。4〜5月ころに発生し、葉や芽を食べ荒らす。葉が丸まってくるのでわかる。
ミノムシ	チャミノガ、オオミノガの幼虫。枯れ葉や枝でつくったミノをつけて移動し、春先から夏、樹木の葉を食い荒らす。オオミノガの幼虫の場合に、木が枯れることもある。

マ行

タ行

ナ行

ハ行

サ行

植物名索引

ア行

カ行

プロフィール

高取忠彦（たかとり ただひこ）

社団法人日本造園組合連合会理事長。1944年福岡県生まれ。株式会社高取造園土木（佐賀県鳥栖市立石町）代表取締役。公園工事、庭園工事の設計・施工・管理のほか、エクステリア・外構工事・ガーデニング工事、ログハウス建設・リガーデンなどを行う。

社団法人日本造園組合連合会（造園連）

造園業者の全国団体。1974年、日本庭園の伝統と文化を守り、造園技術および技能の向上を目的に設立される。厚生労働省、国土交通省の認可を受ける公益法人で、全国43都道府県に支部がある。国家試験「造園技能検定試験」制度発足以来、審査を担当する検定委員を多数輩出。また、9万人以上の造園技能士を誕生させている。組合員は、多くの現代の名工（厚生労働大臣表彰）や名園の管理者をふくむ、卓越した技能をもつ庭師により構成されている。2004年「浜名湖花博」では、出展庭園が最高賞であるパシフィックフローラ大賞を受賞。

〒101－0052　東京都千代田区神田小川町3－3－2　マツシタビル7F

ホームページ　http://www.jflc.or.jp

取材協力者一覧

井上　花子　社団法人日本造園組合連合会理事・事務局長
宇田川辰彦　成和造園株式会社代表取締役
佐藤　　博　佐藤造園代表
菅田　正夫　有限会社菅田園代表取締役
高松　幸敏　有限会社高松造園代表取締役
西澤　　護　植梅西澤造園代表
野村　　修　株式会社東海造園代表取締役
社団法人 日本造園組合連合会

ベテラン庭師が教える

庭いじりの楽しみとコツ

平成20年3月23日　初版発行

著　者　高取忠彦
発行者　納屋嘉人
発行所　株式会社 淡交社
本社　京都市北区堀川通鞍馬口上ル
営業　075－432－5151
編集　075－432－5161
支社　東京都新宿区市谷柳町39－1
営業　03－5269－7941
編集　03－5269－1691
http://www.tankosha.co.jp
印刷　大日本印刷株式会社
製本　株式会社DNP製本

ISBN978-4-473-03488-5